큰별쌤 최태성의 별★별 한국사 ❼ 현대

초판 1쇄 발행 2021년 10월 20일 | 초판 13쇄 발행 2024년 2월 5일
글 최태성 | 그림 김규택 | 연구 별★별한국사연구소 곽승연 이상선 김혜진 | 펴낸이 이승현
출판3 본부장 최순영 | 교양 학습 팀장 김솔미 | 편집 김희선, 최란경 | 키즈 디자인 팀장 이수현 | 디자인 하늘·민
펴낸곳 ㈜위즈덤하우스 | 출판등록 2000년 5월 23일 제13-1071호 | 주소 서울특별시 마포구 양화로 19 합정오피스빌딩 17층
전화 02) 2179-5600 | 홈페이지 www.wisdomhouse.co.kr | 전자우편 kids@wisdomhouse.co.kr

글 ⓒ 최태성, 그림 ⓒ 김규택, 2021
ISBN 979-11-91766-78-3 74910 · 979-11-91766-71-4(세트)

*이 책의 전부 또는 일부 내용을 재사용하려면 반드시 사전에 저작권자와 ㈜위즈덤하우스의 동의를 받아야 합니다.
*인쇄·제작 및 유통상의 파본 도서는 구입하신 서점에서 바꿔드립니다.
*책값은 뒤표지에 있습니다.

일러두기
1. 띄어쓰기와 맞춤법은 국립국어원 표기 원칙에 따랐습니다.
2. 지명, 유물명, 지도와 같은 자료는 주로 초등학교 사회 교과서와 중학교 역사 교과서(비상교육)를 참고하였습니다.
3. 본문에 나오는 책이나 신문의 이름에는 《 》를, 그림이나 글의 제목에는 〈 〉를 붙였습니다.
단, 그림이나 사진 설명에는 예외를 두었습니다.

7 현대

큰별쌤 최태성의
별★별
한국사

글 최태성 · 그림 김규택

위즈덤하우스

들어가는 글

> 안녕? 한국사 길잡이 큰★별쌤이에요.

　요즘 한국사는 영어보다 더 귀한 대접을 받고 있는 듯합니다. 공무원, 공사, 학교, 사기업 할 것 없이 한국사 자격증을 요구하고 있기 때문입니다. 49만 명이 응시하는 대학수학능력시험보다 더 많은 응시생인 53만 명이 응시하는 한국사능력검정시험이 한국사 열풍의 근거라 할 수 있습니다.

　초등학교 역시 예외는 아닙니다. 한국사능력검정시험에 응시할 뿐 아니라 제가 운영하는 유튜브 최태성1tv에서 매주 금요일 라이브 방송이 열리면 초등학생들이 많이 참여합니다. 기특하게도 초등학생들은 점잖게 게시판 예의도 잘 지킵니다.

　역사는 사실을 암기해서 시험 문제를 푸는 과목이 아닙니다. 역사는 사람을 만나는 인문학입니다. 과거의 사람을 마주하며 그 사람의 삶을 통해 자신이 어떻게 살 것인지를 고민하는 지점이 형성되었을 때 비로소 우리는 역사를 배웠다고 할 수 있습니다. 《큰별쌤 최태성의 별★별 한국사》를 집필하면서 여러분들에게 꼭 알려 주고 싶은 것도 이 부분입니다. 또 개별적 사실만을 많이 알고 있는 것보다 하나의 사실을 알더라도 그 사실이 가지고 있는 의미를 자신의 삶에 적용시켜 볼 수 있도록 했습니다. 역사는 과거와 현재의 대화라는 명제를 녹여 보고 싶었습니다.

　예를 들면, 우리나라 최초의 국가 고조선을 이야기하면서 고조선의 건국 이념이 홍익인간이라는 단순한 사실을 알려 주는 데 그치지 않고, 누군가에게 도움을 주기 위해, 세상을 더 건강하게 만들기 위해 세워진 나라가 고조선이라는 점을 이야기하고 싶었습니다. 우리나라 출발이 그러한 역사를 가지고 있으니 이 책을 읽는 여러분들 역시 어떤 도움을 줄 수 있을지 고민해 보자고 이야기하고 싶었습니다.

학생들에게 꿈을 물어보면 예외 없이 판사, 의사, 변호사, 교사처럼 명사로만 답을 합니다. 그러나 명사로 답한 꿈은 그저 직업일 뿐입니다. 그 직업을 가지고 자신이 누군가에게 어떤 도움을 줄 수 있을지 고민하고 실천하는 동사의 꿈을 이야기해 주면 좋겠습니다. 사람이 사람다워짐은 바로 연대하고 협력하는 모습일 때라는 걸 잊지 말았으면 합니다.

이 책은 꿈을 꾸었던 과거의 사람들을 만나면서 자신의 꿈도 동사로 만들어 가는 여러분들의 모습을 상상하며 설레는 마음으로 썼습니다. 역사적 사실을 차분하게 알려 주면서, 사실들의 여백 속에 동사의 꿈을 자극하고 영감을 줄 수 있는 글을 채우려 노력했습니다.

이 책을 읽은 여러분들이 한국사능력검정시험에 도전해 보면 좋겠습니다. 또 책을 읽으면서 역사를 바라보는 건강한 시선을 갖추면 좋겠습니다. 여러분들이 건강한 시민으로 성장하면, 여러분들이 이끌 대한민국은 더 사람 내음 나는 행복한 세상이 될 겁니다.

아무쪼록 재미있게, 의미있게 《큰별쌤 최태성의 별★별 한국사》를 즐겨 주길 바라며, 이 책을 읽는 여러분들의 건강한 성장을 응원하며 글을 마칩니다.

한국사 길잡이 큰별쌤 최태성 올림

차례

1. 광복과 분단 · 10

8·15 광복 · 12
미군과 소련군의 주둔 · 14
모스크바 3국 외상 회의 · 16
좌·우 합작 위원회 · 18
남북 협상 · 20
대한민국 정부 수립 · 22
반민족 행위 특별 조사 위원회 · 24
6·25 전쟁 · 26
별별 역사 속으로 · 흥남 철수 작전 중에 무슨 일이 일어났을까? · 30
전쟁이 남긴 것들 · 32

큰★별쌤 한판 정리 · 34
큰★별쌤 별별 퀴즈 · 36
큰★별쌤 별별 특강 · 38
도전! 한국사능력검정시험 · 40

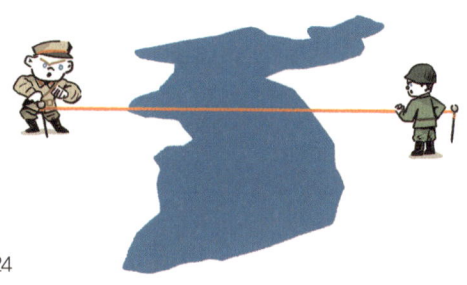

2. 민주주의의 발전 · 42

4·19 혁명 · 44
박정희 정부 · 46
5·18 민주화 운동 · 48
6월 민주 항쟁 · 52
민주주의의 진전 · 54

큰★별쌤 한판 정리 · 56
큰★별쌤 별별 퀴즈 · 58
큰★별쌤 별별 특강 · 60
도전! 한국사능력검정시험 · 62

3. 경제 성장과 발전 · 64

경제 재건을 위한 노력 · 66
한강의 기적 · 68
경제 발전의 그림자 · 72
외환 위기의 극복 · 74

큰★별쌤 한판 정리 · 76
큰★별쌤 별별 퀴즈 · 78
큰★별쌤 별별 특강 · 80
도전! 한국사능력검정시험 · 82

4. 통일을 위한 노력 · 84

7·4 남북 공동 성명 · 86
이산가족 상봉 · 88
남북 기본 합의서 · 90
남북 정상 회담 · 92

큰★별쌤 한판 정리 · 94
큰★별쌤 별별 퀴즈 · 96
큰★별쌤 별별 특강 · 98
도전! 한국사능력검정시험 · 100

정답 · 102
찾아보기 · 103
사진 제공 · 104

책 구성 소개

역사는 사람입니다. 역사 속 사람들의 삶과
지금 우리의 삶이 다르지 않다는 것을 한국사 여행을 통해 배웁니다.
큰별쌤과 함께 신나는 한국사 여행을 떠나 볼까요?

★ 각 단원에서 다룰 내용을 간추려 **핵심 내용만 요약**했어요.
★ 각 단원에 있는 **QR 코드**로 최태성 선생님의 강의를 들을 수 있어요.

★ 꼭 알아야 할 핵심 단어와 핵심 문장을 **제목으로** 구성해
역사 흐름이 한눈에 보여요.

500만 수강생이 들은
한국사 1타 강사 최태성
선생님이 핵심만 쏙쏙!

4·19 혁명 ★독재 정권을 무너뜨리다

5·18 민주화 운동 ★신군부 퇴진과 민주화를 요구하

6월 민주 항쟁 ★대통령 직선제를 이루다

민주화에 대한 열망이 높아지던 1987년, 민주화 운동 관련자 수사를 하던 경찰의 고문으로 대학생 박종철이 숨지는 사건이 일어났어. 그런데 경찰은 박종철이

큰★별쌤 한판 정리

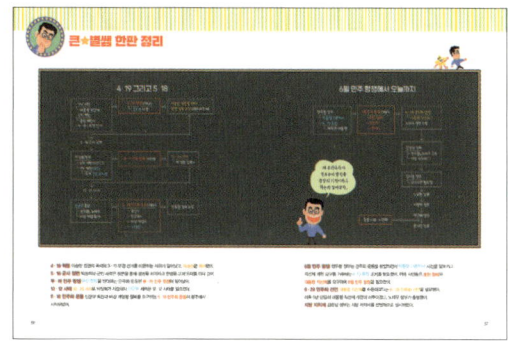

★ 한판 정리로 깔끔하게 한국사를 정리해요.

큰★별쌤 별별 퀴즈

★ 별별 퀴즈로 공부한 내용을 확인해요.

큰★별쌤 별별 특강

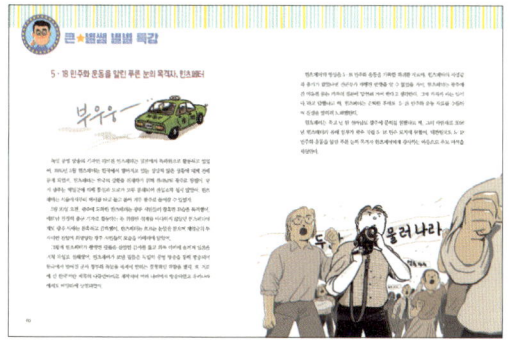

★ 역사 속 사람들을 통해 살아 있는 역사를 만나요.

도전! 한국사능력검정시험

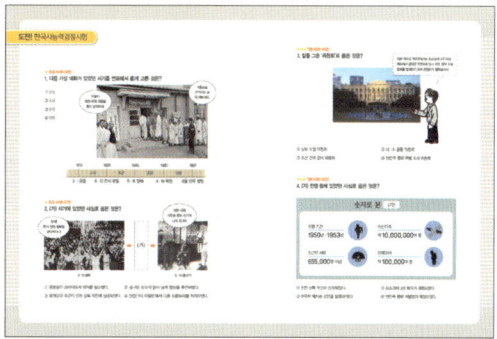

★ 한국사능력검정시험 기출문제에 도전해 보아요.

최고예요!

큰별쌤과 함께라면 한국사 어렵지 않아요!

| 1945년 | 1946년 | 1947년 | 1948년 |
| 광복, 모스크바 3국 외상 회의 | 제1차 미·소 공동 위원회 | 제2차 미·소 공동 위원회 | 5·10 총선거 실시, 대한민국 정부 수립 |

1 광복과 분단

그날이 오면 그날이 오면은
삼각산이 일어나 더덩실 춤이라도 추고
한강물이 뒤집혀 용솟음칠 그날이
이 목숨이 끊기기 전에 와 주기만 할 양이면
나는 밤하늘에 나는 까마귀와 같이
종로의 인경을 머리로 들이받아 울리오리다.
두개골은 깨어져 산산조각이 나도
기뻐서 죽사오매 오히려 무슨 한이 남으오리까.

이 시는 심훈의 〈그날이 오면〉이라는 시의 일부야. 여기서 '그날'은 어떤 날을 말하는 걸까? 바로 광복, 우리 민족이 독립하는 날을 일컫는단다. 광복만 온다면 머리가 깨어져도, 그 기쁨의 소리를 듣고 당장 죽어도 여한이 없다고 시인은 말하고 있어.

우리 민족은 일제 강점기에 끊임없이 독립을 위해 싸웠어. 어둡고 힘든 시간을 지나 드디어 그토록 바라던 광복을 맞이했지. 하지만 또 다른 시련에 부딪쳤단다. 광복 이후 어떤 일이 벌어졌는지 알아보자.

1950년	1951년	1953년
6·25 전쟁, 인천 상륙 작전	1·4 후퇴	휴전 협정

8·15 광복 ★ 나라의 빛을 되찾다

나가사키에 떨어진 원자 폭탄 1945년 8월 9일 미국이 일본 나가사키에 원자 폭탄을 떨어뜨렸어.

1939년부터 1945년까지 세계는 전쟁의 소용돌이에 빠졌어. 독일, 이탈리아, 일본을 중심으로 한 나라들과 미국, 영국, 중국, 프랑스, 소련 등이 뭉쳐 만든 연합국 사이에 큰 전쟁이 벌어졌지. 바로 제2차 세계 대전이야. 이 전쟁이 연합국의 승리로 기울면서 일본의 패망도 점차 가까워졌지. 연합국에 속한 나라들은 우리 민족의 독립에 대한 의지와 노력을 인정하고 카이로 선언과 포츠담 선언에서 우리나라의 독립을 약속했어.

그러나 일본이 항복하지 않고 점점 더 전쟁을 확대해 나가자 미국은 일본 히로시마와 나가사키에 원자 폭탄을 떨어뜨렸어. 그제야 일본은 1945년 8월 15일 무조건적인 항복을 했단다.

일본의 패망으로 우리는 꿈에 그리던 광복을 맞이했어. 광복이 무슨 뜻인지 아니? 광복은 빛을 되찾는다는 뜻이야. 일제의 식민지로 살아가면서 온갖 고통을 견디며 암흑 속에서 살아야 했던 우리 민족에게 환한 빛이 비춘 거지.

일본의 항복 1945년 9월 2일 일본 외무대신 시게미쓰 마모루가 항복 문서에 서명했어.

광복을 맞이한 사람들 광복을 기뻐하는 사람들의 모습이야.

독립 만세!

미군과 소련군의 주둔
★ 38도선을 경계로 미국과 소련이 대립하다

제2차 세계 대전은 연합국의 승리로 끝났어. 일본은 패전국이 되고 소련과 미국은 승전국이 되었지. 소련과 미국은 일본군의 무장 해제를 명분으로 북위 38도선을 경계로 한반도의 북쪽과 남쪽을 각각 점령하기로 했어.

사실 대한민국 임시 정부와 독립운동 단체들은 일본의 패망을 예견하며 독립 준비를 하고 있었어. 대한민국 임시 정부는 1940년에 중국 충칭에서 한국광복군을 창설하고 연합군의 일원으로 참전시켰어. 그리고 미국 전략 사무국(OSS)과 함께 국내 진공 작전을 계획했으나 일본이 갑작스럽게 항복하는 바람에 한국광복군이 태극기를 들고 한반도로 들어올 기회를 놓쳐 버렸어. 결국 우리 힘으로 광복을 이루지 못하고, 남북에 각각 미국과 소련이 주둔하게 되면서 한반도는 둘로 나뉘게 되었단다.

한국광복군 한국광복군의 창설식 기념 촬영 사진이야. 한국광복군은 대한민국 임시 정부의 정규군이란다.

평양에 입성하는 소련군 평양에 입성하는 소련군을 평양 시민들이 환영하고 있는 모습이야.

안 돼!

초기에 38도선은 단순히 군사 경계선이었지. 하지만 이후 38도선은 분단선이 되었단다.

서울에 입성하는 미군 미국과 소련은 각각 자신들에게 우호적인 정부를 한반도에 세우려고 했어.

모스크바 3국 외상 회의
★ 신탁 통치 문제를 둘러싼 대립이 일어나다

광복 직후 여운형을 비롯한 민족 지도자들은 조선 건국 준비 위원회를 조직했어. 광복이 되었으니 자주적인 정부를 수립하기 위해 준비하자는 취지였지. 조선 건국 준비 위원회는 광복 이후 불안한 치안 상황에 대비해 행정을 담당했어. 그리고 하루라도 빨리 나라의 구색을 갖춰야 미국과의 협상에서 밀리지 않을 거라고 생각해 서둘러 조선인민공화국을 선포했어.

그런데 남한 지역에 들어온 미 군정은 이를 인정하지 않았어. 심지어 대한민국 임시 정부조차 인정하지 않았지. 당시 대한민국 임시 정부는 중국 충칭에 있었는데, 김구 주석은 광복 직후 정부 자격으로 우리나라로 들어오길 원했으나 미국의 반대로 개인 자격으로 들어올 수밖에 없었지.

1945년 12월에는 미국, 소련, 영국의 외무 장관이 한반도 문제를 해결한다며 모스크바에서 회의를 열었어. 이 회의에서 우리나라에 민주적인 임시 정부를 세우고 최대 5년간 **신탁 통치**를 하기로 결정했지.

모스크바 3국 외상 회의 주요 내용

1. 한국의 독립을 인정하여 민주주의 원칙 위에서 임시 민주주의 정부를 수립한다.
2. 임시 정부 구성을 지원하기 위한 적절한 방안으로 미·소 공동 위원회를 설치한다.
3. 한국 사람들의 정치적·경제적·사회적 진보와 민주주의적 자치 발전과 독립 국가의 수립을 위해 미·영·소·중 4국의 신탁 통치를 지원한다.

김구와 이승만 등 이른바 우익 진영(민족주의 진영)이라고 불린 이들은 신탁 통치를 결사 반대했어. 우리나라 임시 정부가 제대로 운영될 때까지 미국, 소련, 영국, 중국이 대신 통치하겠다는 신탁 통치는 또다시 우리나라를 식민지로 만드는 거라고 주장했지.

하지만 좌익 진영(사회주의 진영)의 생각은 달랐어. 이들은 무엇보다 민주주의 임시 정부를 세우는 게 중요하다고 생각했어. 임시 정부가 잘 운영되면 신탁 통치 기간을 줄일 수 있다고 판단했지.

이렇게 되자 신탁 통치를 반대하는 사람들과 모스크바 3국 외상 회의의 결정을 지지하는 사람들의 대립이 심해졌어. 미국과 소련에 의해 우리의 국토가 둘로 나뉜 상황에서 사람들의 생각까지 나뉘게 된 거야.

신탁 통치를 반대하는 사람들(왼쪽)과 모스크바 3국 외상 회의 결정을 지지하는 사람들(오른쪽) 신탁 통치를 둘러싸고 좌·우의 대립이 심해졌지.

좌·우 합작 위원회
★좌·우 대립을 극복하기 위해 노력하다

신탁 통치를 반대하는 입장과 찬성하는 입장이 격렬하게 대립하는 상황에서 한반도의 임시 정부 수립과 신탁 통치 문제 등을 협의하기 위해 **미·소 공동 위원회**가 열렸어. 그런데 임시 정부 수립을 위한 협의 단체의 자격을 두고 미국과 소련의 의견이 맞지 않았어. 미국과 소련은 서로 자신들에게 유리한 단체를 넣고 싶어 했지. 결국 결론을 내리지 못하고 회의가 중단되었단다.

미·소 공동 위원회 미·소 공동 위원회가 덕수궁에서 회의를 하고 있는 모습이야.

미국과 소련이 대립하는 상황에서 이승만은 한반도에 통일 정부가 들어서기 어렵다고 판단하고 남한만이라도 임시 정부를 세우자고 했어. 그러자 많은 사람들이 큰 충격을 받았어. 모스크바 3국 외상 회의 결과를 놓고 두 진영이 서로 갈등하며 대립하긴 했지만 한반도가 분단될 거라고 생각한 사람은 없었거든. 그런데 이승만의 발언으로 자칫 남한과 북한에 각각의 정부가 들어서면 남과 북이 분단될지도 모른다는 두려움을 느낀 거야.

그래서 광복 직후 조선 건국 준비 위원회를 만든 여운형과 대한민국 임시 정부의 부주석을 지낸 김규식을 중심으로 남과 북이 분단되는 것을 막고자 노력했지. 이들은 좌익과 우익이 서로 싸우지 말고 하나가 되자는 **좌·우 합작 위원회**를 구성해 통일 정부를 세우기 위해 노력했지만 성과를 거두진 못했어. 이후 다시 제2차 미·소 공동 위원회가 열렸지만, 역시 성과 없이 끝나고 말았어.

김규식(왼쪽)과 여운형(오른쪽) 김규식은 중도 우익 진영의 대표로, 여운형은 중도 좌익 진영의 대표로 참여했지.

남북 협상 ★통일 정부 수립을 위해 노력하다

　미국은 한반도 문제를 국제 연합(UN)으로 넘겼어. 국제 연합은 인구 비례에 따른 남북한 총선거를 통한 통일 정부 수립을 결의하고 총선거를 감독할 한국 임시 위원단을 파견했지. 그런데 소련은 북한의 인구가 남한에 비해 상대적으로 적기 때문에 인구 비례에 따라 총선거를 치르면 자신들에게 불리할 거라 생각해서 한국 임시 위원단이 북한에 들어오는 것을 거부했어.

　결국 국제 연합이 선거가 가능한 지역에서만이라도 총선거를 실시하도록 다시 결정을 내렸지. 그러자 남한만이라도 총선거를 치러 정부를 구성하자고 주장하는 쪽과 통일 정부를 수립하자는 쪽이 대립했어. 남한만 총선거를 치른다는 것은 남과 북의 분단을 의미하기 때문에 김구는 남한 단독 선거를 강하게 반대했어. 김구

통일 정부를 세우려던 우리 민족의 노력은 미·소 대립과 사회 혼란으로 어려움을 겪었단다.

아, 아쉬워라……

38도선을 넘는 김구와 일행 김구는 38도선을 넘어 평양으로 가서 남북 지도자 회의를 하는 등 통일 정부를 수립하기 위해 노력했지.

는 북측에 민족의 분열을 막기 위한 남북 협상을 제안했지. 1948년 4월 19일, 김구는 38도선을 넘어 평양으로 가서 남북 지도자 회의를 하고 남한의 단독 선거에 반대하는 공동 성명을 발표했지만 별다른 성과를 거두지 못했어.

결국 1948년 5월 10일, 남한에서는 정부 수립을 위해 국회 의원을 뽑는 총선거가 실시되었어. 통일 정부 수립을 끝까지 주장했던 김구는 5·10 총선거에 참여하지 않았고 김구를 지지하는 사람들 역시 선거에 출마하지 않았단다.

제주도에서 남한만의 단독 선거를 반대하는 사람들과 이들을 진압하려는 군대, 경찰, 반공 단체 등이 충돌하는 제주 4·3 사건이 일어났어. 주로 좌익 세력이 봉기에 앞장섰는데, 당시 미 군정은 한반도에서 사회주의가 확산되는 것을 막기 위해 강력하게 진압했어. 그 과정에서 수많은 주민들이 희생당했어. 대한민국 정부가 들어선 뒤에도 제주도민에 대한 탄압은 계속되었지. 제주 4·3 사건은 이념의 대립이 불러온 비극적인 사건이란다. 수많은 사람들이 희생된 이 사건은 아직까지도 제주도민에게 씻을 수 없는 상처로 남아 있어.

제주 4·3 사건 다랑쉬굴 학살 현장
군대, 경찰, 반공 단체 들에 의해 다랑쉬굴에 숨어 있던 종달리, 하도리 주민들이 희생당한 사건이야.

사람들의 생각은 서로 다를 수 있어. 그러나 생각이 다른 사람을 나쁘다고 여기면 안 돼. 서로 다른 가치를 추구하다가 자신과 생각이 다르면 욕하고 때리고 증오하던 시기도 있었어. 그러다 보니 '사람'이 보이지 않게 된 거야. 하지만 어떤 이념이나 주장도 사람에 대한 배려보다 우선할 수 없단다.

대한민국 정부 수립
★ 헌법을 제정하고 정부 수립을 선포하다

5·10 총선거를 통해 첫 번째 국회가 구성되었는데, 헌법을 제정한 국회라고 해서 **제헌 국회**라고 해. 제헌 국회에서 만들어진 헌법은 1948년 7월 17일에 공포되었어. 그래서 매년 7월 17일을 제헌절로 기념하고 있는 거란다.

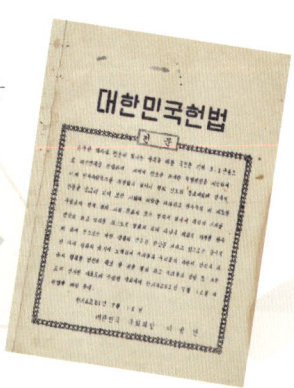

유구한 역사와 전통에 빛나는 우리들 대한 국민은
기미 삼일 운동으로 대한민국을 건립하여
세계에 선포한 위대한 독립 정신을 계승하여
이제 민주 독립 국가를 재건함에 있어서…(중략)

-대한민국 헌법 전문 중

5·10 총선거에 참여하는 사람들 5·10 총선거는 보통·평등·직접·비밀 선거 원칙에 의해 치러진 우리나라 최초의 민주주의 선거야.

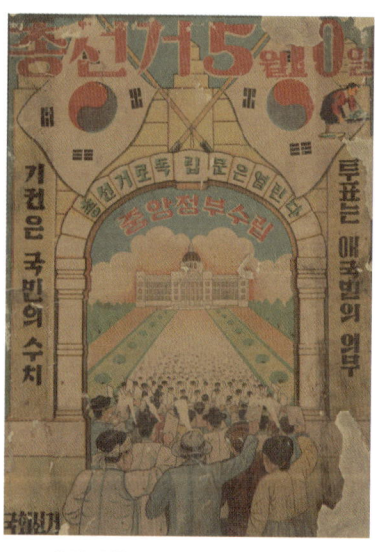

5·10 총선거 홍보 포스터 5·10 총선거는 국회의원을 뽑는 선거였어.

1919년 3·1 운동으로 대한민국 임시 정부가 수립되었던 것을 기억하니? 우리 민족의 독립에 대한 열망으로 3·1 운동이 일어났고, 3·1 운동의 독립 정신을 계승하여 대한민국이 출발했지. 대한민국의 역사는 이렇게 일제와 맞서 싸운 역사에서 시작되었단다.

　제헌 헌법에 따라 국회에서 선출된 초대 대통령 이승만은 1948년 8월 15일 **대한민국 정부 수립**을 정식으로 선포했어. 북한에서도 1948년 9월 9일 김일성을 수상으로 하는 **조선 민주주의 인민 공화국**이 세워졌어. 결국 남과 북에 각기 다른 체제의 정부가 들어서면서 우리나라는 남과 북으로 나누어지게 되었단다.

초대 대통령 취임 1948년 7월 24일 초대 대통령으로 취임하는 이승만 대통령의 모습이야. 지금은 국민이 직접 대통령을 선출하지만, 당시에는 제헌 헌법에 따라 국회에서 대통령을 선출했어.

남과 북이 갈라지다니, 너무 슬퍼.

대한민국 정부 수립식 1948년 8월 15일에 대한민국 정부 수립식이 거행되었어.

반민족 행위 특별 조사 위원회
⭐ 반민족 행위자 처벌을 위해 노력하다

나라를 되찾고 정부가 수립되자 친일에 앞장섰던 민족 반역자들을 처단해야 한다는 여론이 일어났지. 일제 강점기에 일왕을 위해 목숨을 바치라고 선동한 민족 반역자들을 그냥 둘 수는 없었어. 나라를 팔아먹는 일을 한 사람들이 벌을 받아야 정의가 바로 서고 새로운 시대로 나아갈 수 있으니까 말이야. 그래서 제헌 국회에서는 친일파 청산을 위해 **반민족 행위 처벌법**을 제정했어. 이 법에 의해 **반민족 행위 특별 조사 위원회**, 즉 **반민 특위**를 구성했어. 반민 특위는 일제 강점기에 앞장서서 친일 행위를 한 사람들을 잡아들였어.

반민 특위에 검거된 친일파

친일 부호 박흥식
　반민 특위 1호 검거자는 화신 백화점 사장 박흥식이었어. 화신 백화점은 우리나라 사람이 설립한 최초의 백화점이야. 박흥식은 일왕을 직접 만나 대동아 전쟁 완수에 전력을 다할 것을 맹세했어. 박흥식은 조선 총독부의 지원을 받아 조선 비행기 공업 주식회사를 설립했고 일본 정부로부터 군수 회사로 지정받기도 했어.

재판을 받는 친일파 반민 특위에 체포된 사람들이 재판을 받기 위해 법정으로 들어서는 모습이야.

황국 신민을 찬양한 이광수

이광수는 〈무정〉이라는 작품을 남긴 뛰어난 소설가로 한때 대한민국 임시 정부에서 활동했어. 그런데 일본 경찰에 붙잡혔다가 풀려난 뒤에 변절했지. 일제의 황국 신민화 정책을 지지하고 선전하는 데 앞장서고 창씨개명과 일본군 자원 입대를 독려하는 글을 쓰기도 했어. 반민 특위 법정에서 친일 행위를 한 이유를 묻자 '나는 민족을 위해 친일했습니다. 내가 걸은 이 길은 정경대로(正經大路)는 아니지만 그런 길을 걸어 민족을 위하는 일도 있다는 것을 알아주기 바랍니다.'라고 변명했다고 해.

우리 역사를 왜곡한 최남선

최남선은 3·1 운동 당시 독립 선언서를 작성한 사람이야. 그 때문에 일제에 체포되었다가 풀려난 뒤 변절했어. 조선 총독부가 운영하는 역사 단체인 조선사 편수회에 들어가 우리 역사를 왜곡하는 식민 사학 연구에 동참했지. 또 일본의 전쟁 수행을 지지하는 글을 기고하고 도쿄에서 한국인 유학생들에게 학도병 지원을 권고하는 강연을 하기도 했어. 반민 특위에 체포된 뒤에는 민족을 위해서 일제에 협력했다며 변명했지.

많은 국민들은 반민 특위 활동을 적극 지지했어. 그러나 이승만 정부는 반민족 행위자 처벌에 소극적이었어. 친일 세력은 광복 이후에도 이승만 정부에서 일하고 있었거든. 이승만 정부는 나라를 이끌어 가야 할 사람들이 반민 특위에 끌려가면 오히려 북한을 이롭게 한다고 주장하며 반민 특위를 해체시켰어. 결국 민족 반역자들은 대부분 제대로 처벌받지 않고 풀려났단다.

과거 이야기는 하지 말고 미래를 보고 가자고 주장하는 사람들은 과거의 잘잘못을 따지는 건 시간 낭비라고 하지. 그래서 친일파 처벌에 대한 문제도 자꾸 회피하려는 모습을 보이곤 해. 하지만 과거의 친일 행적을 밝히고 처벌하는 건 잘못된 과거의 일을 바로잡고 더 나은, 더 건강한 대한민국의 미래를 위하는 일이야. 정의가 우뚝 서 있는 대한민국을 만들기 위해 과거를 살펴보는 거란다.

6·25 전쟁 ★ 같은 민족끼리 총을 겨누다

　대한민국 정부는 나라를 재건하기 위해 노력했어. 나라에서 땅을 사들여 일제 강점기에 땅을 잃은 사람들에게 되팔고 대신 5년에 걸쳐 땅값을 나눠서 내도록 하는 농지 개혁을 추진하였어. 농지 개혁으로 많은 농민들이 자기 땅을 가질 수 있게 되었지. 하지만 얼마 지나지 않아 또다시 큰 어려움을 겪게 되었단다.

　남과 북에 각각 다른 정부가 들어선 이후 한반도는 팽팽한 긴장에 휩싸였지. 38도선 부근에서 크고 작은 무력 충돌이 일어나기도 했어. 그러던 중 1950년 6월 25일 북한이 기습적으로 38도선을 넘어 남한을 침략하면서 **6·25 전쟁**이 일어났어. 당시 북한은 이전부터 전쟁 준비를 해 왔기 때문에 군사력이 강했어. 북한군은 3일 만에 수도 서울을 점령하고 순식간에 낙동강 부근까지 밀고 내려왔지. 그러자 대한민국 정부는 미국에 도움을 요청하는 한편 서둘러 부산을 임시 수도로 정했단다.

6·25 전쟁 북한군의 기습적인 남침에 국군은 3일 만에 수도 서울을 빼앗기고 한 달 뒤에 낙동강 유역까지 후퇴했어.

폐허가 된 시가지와 피난민들 전쟁이 일어나자 마을은 폐허가 되었고, 사람들은 집을 버리고 피난을 가야 했어. 피난민들은 피난민 수용소에 모여 힘들게 살아가야 했지.

　국제 연합은 16개국이 참여한 유엔군을 남한으로 파견하고 많은 물자를 지원했어. 이후 미국의 맥아더가 이끄는 유엔군과 국군은 **인천 상륙 작전**을 감행했어. 결코 쉽지 않은 작전이었지만 인천 상륙 작전이 성공하면서 전세가 역전되었지. 서울을 되찾은 국군과 유엔군은 기세를 몰아 평양을 비롯한 북한 지역 대부분을 장악한 뒤 압록강까지 진격했어.

맥아더 미국의 군인으로 6·25 전쟁 때 인천 상륙 작전을 주도했지.

그런데 북한의 요청을 받은 중국이 대규모 군대를 파견하면서 다시 전세가 뒤집어졌단다. 압록강을 건너온 엄청난 수의 중국군은 빠르게 남하하였고 국군과 유엔군은 다시 서울을 빼앗기고 후퇴해야 했지. 이것을 **1·4 후퇴**라고 해. 국군과 유엔군은 반격을 시도해서 다시 서울을 되찾았어. 이후 38도선을 경계로 유엔군과 국군, 북한군과 중국군은 밀고 밀리는 치열한 접전을 벌였지.

휴전 협정 체결 1953년 판문점에서 유엔군 대표와 북한군 대표가 휴전 협정에 서명하고 있는 장면이야.

휴전 협정서 북한군, 중국군, 유엔군 대표가 문서에 서명했어. 휴전 협정에 반대한 이승만 정부는 서명하지 않았지.

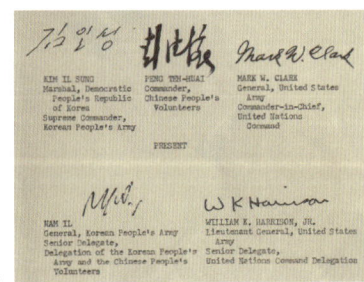

여울물을 건너는 피난민 중국군을 피해 차가운 여울물을 건너는 피난민들의 모습이야.

　전쟁이 오랫동안 계속되면서 양측의 피해가 커지자 양측은 휴전 협상을 벌였지. 이승만 정부는 끝까지 휴전을 반대했어. 하지만 미국은 대한민국에 군사 지원과 경제 원조를 해 주겠다고 약속하고 **휴전 협정**을 체결했지. 북한군, 중국군, 유엔군 대표가 휴전 협정서에 서명했지만 이승만 정부는 휴전에 반대한다는 의미로 서명하지 않았어. 휴전 협정이 체결되면서 3년여 동안 이어진 6·25 전쟁은 막을 내렸단다. 휴전 협정으로 전쟁은 멈췄지만, 휴전선을 사이로 남과 북은 다시 둘로 나뉘어졌지.

1953년 7월 27일 체결된 협정은 전쟁을 일시적으로 중단한다는 의미의 휴전 협정이야. 한반도에 완전한 평화가 찾아오려면 전쟁을 끝내는 종전 협정으로 바꿔야 해.

별별 역사 속으로 | 흥남 철수 작전 중에 무슨 일이 일어났을까?

6·25 전쟁에 중국군이 개입하며 국군과 유엔군은 큰 위기를 맞았어. 중국군이 어마어마한 병력을 앞세워 빠르게 내려오는 바람에 국군과 유엔군은 함경남도 흥남에서 배를 이용해 철수하기로 했어.

당시 흥남에는 철수해야 할 병력 10만 5000여 명, 차량 1만 7000여 대, 군수 물자 35만 톤 등이 있었어. 게다가 철수 소식을 듣고 몰려든 20만여 명의 피난민도 있었지. 그런데 흥남 철수 작전에 민간인은 포함되지 않았어. 당시 미 제10군단장인 알몬드 소장은 병력과 군수 물자를 수송하기에도 벅차기 때문에 민간인은 데려갈 수 없다고 했지. 그러자 미 제10군단에서 민사부 고문을 맡고 있던 현봉학 박사가 알몬드 소장에게 민간인도 승선시켜 달라고 간곡히 부탁했어. 민사부는 군대와 주민들 간의 문제를 해결하는 부서였어. 국군 지휘관들도 피난민을 승선시키지 않으면 국군도 피난민들과 함께 육로로 철수하겠다고 했지.

전쟁이라는 극한 상황 속에서 한 사람의 생명이라도 구하고자 했던 사람들을 기억하자.

애타는 부탁과 호소에 감동한 알몬드 소장은 마음을 바꿔 피난민들을 데려가기로 결정했어.

흥남 철수 작전에는 193척의 배가 동원됐는데 그중 메러디스 빅토리호에는 25만 톤의 군수 물자와 60명의 사람을 실을 수 있었어. 당시 47명의 승무원이 승선하고 있었기 때문에 태울 수 있는 피난민의 숫자는 고작 13명이었지. 그러자 선장 레너드 라루는 배에 실린 무기를 버리고 피난민을 태우라고 명령했어. 덕분에 1만 4000여 명의 피난민이 메러디스 빅토리호에 승선할 수 있었지. 피난민을 태우는 데만 16시간이 걸렸다고 해. 피난민들을 태운 메러디스 빅토리호는 12월 23일 흥남을 출항해 단 한 명의 희생자도 없이 경남 거제도에 무사히 도착했어. 마침 도착한 날이 크리스마스 이브였어. 그사이 메러디스 빅토리호의 피난민은 5명이나 늘었지. 극한 상황에서도 5명의 새 생명이 태어난 거야.

메러디스 빅토리호는 기네스북에 '단일 선박으로 최다 인원을 구출한 배'로 등재되었어. 흥남 철수 작전은 세계 전쟁사에서 가장 감동적인 휴머니즘을 보여 준 작전 중 하나로 평가받고 있단다.

정말 감동적이야~.

전쟁이 남긴 것들 ★참혹한 상처를 남기다

　1950년 6월 25일에 시작된 전쟁은 1953년 7월 27일에야 끝이 났어. 전쟁은 서로 죽여야만 끝나는 비극이야. 더구나 우리는 같은 민족끼리 총부리를 겨눠야 했지. 6·25 전쟁은 우리 민족에게 크나큰 상처를 남겼어.

　6·25 전쟁으로 국군 62만여 명, 유엔군 16만여 명, 북한군 93만여 명, 중국군 100만여 명이 목숨을 잃었지. 민간인 사망자도 250만여 명에 이르렀어. 또 10만여 명의 전쟁고아와 1000만 명이 넘는 이산가족이 생겼어. 이뿐만 아니라 도로, 다리, 철도 등이 파괴되고 국토는 황폐해졌지.

　하지만 무엇보다 큰 상처는 전쟁 이후 같은 민족인 남한과 북한이 서로를 미워하고 적대하게 됐다는 거야.

황해도 평산군 신암면에 형 박규철과 동생 용철 형제가 살고 있었어. 형 규철은 동생에게 가족을 부탁하고 홀로 남쪽으로 내려왔지. 그러다가 6·25 전쟁이 발발하자 형 규철은 참전해 많은 공을 세우며 소위로 진급했어. 형 규철이 북한군과 충북 단양군 죽령에서 결전을 벌이고 있을 때였어. 형 규철은 땅바닥에 납작 엎드린 북한군에게 총을 겨누면서 도망치지 않으면 살려 주겠다고 소리쳤어. 그러면서 엎드린 북한군의 얼굴을 살피던 형 규철은 깜짝 놀라고 말았어. 바로 동생 용철이었던 거야. 형제가 적이 되어 서로에게 총부리를 겨눈 이 슬픈 일화는 전쟁의 참혹함을 잘 보여 주고 있어. 다시는 이러한 비극이 일어나면 안 되겠지?

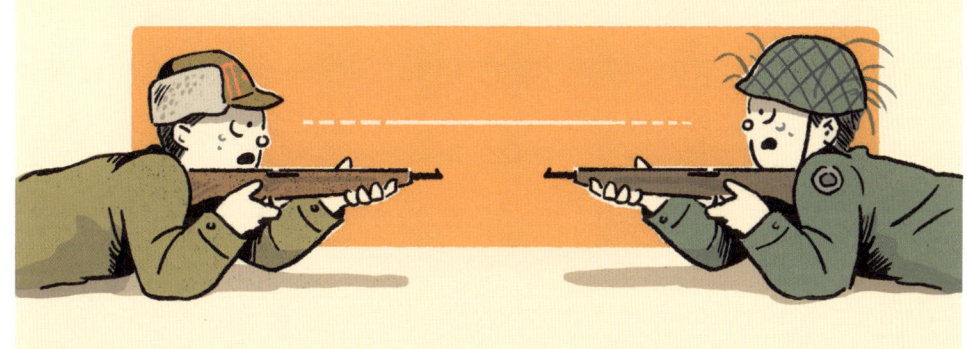

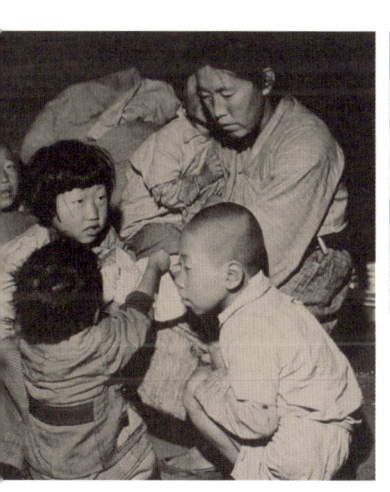

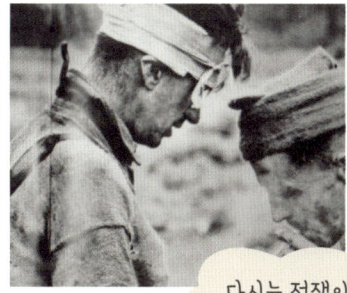

다시는 전쟁이 일어나면 안 돼!

큰★별쌤 한판 정리

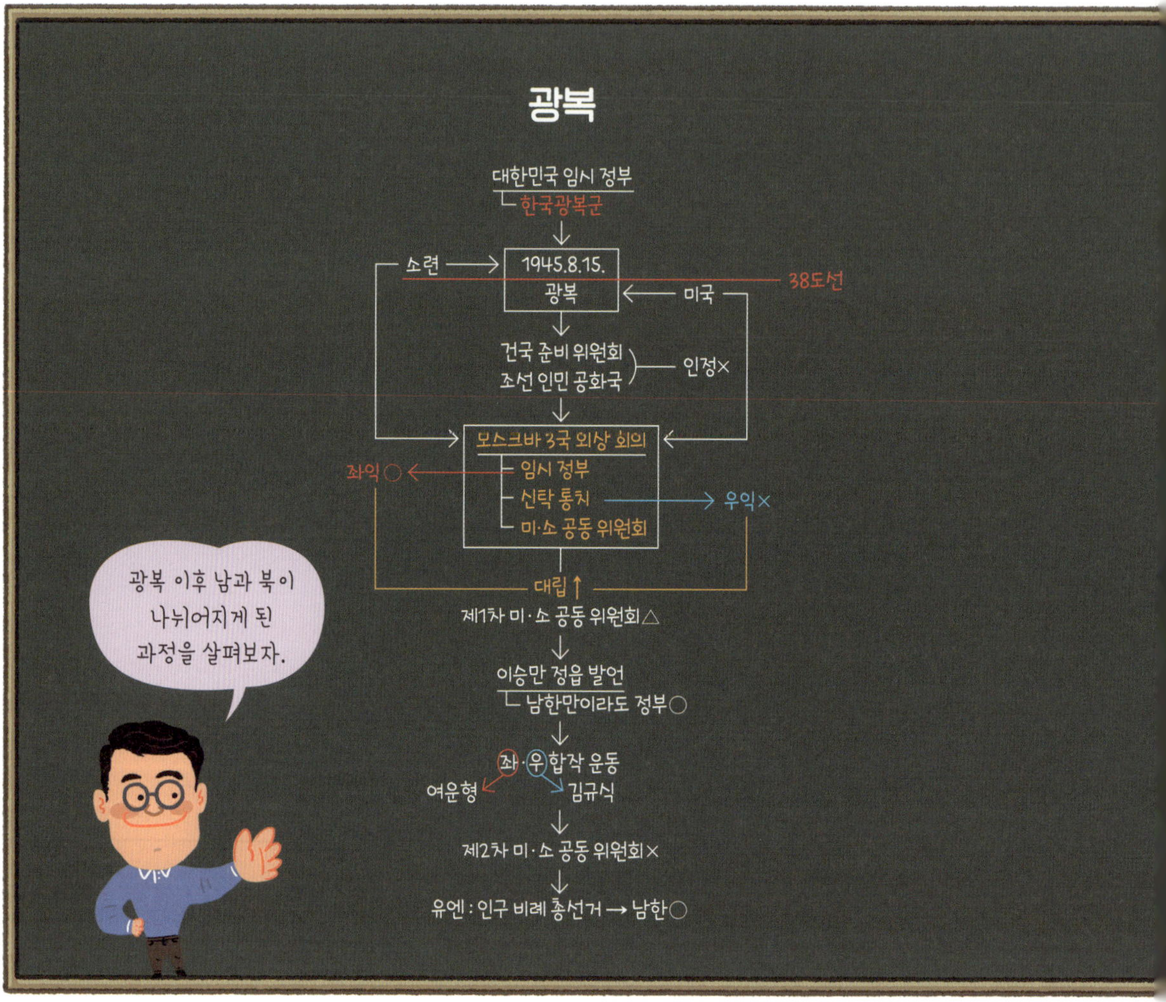

광복

대한민국 임시 정부
└ 한국광복군

소련 → 1945.8.15. 광복 ← 미국 ─── 38도선

건국 준비 위원회
조선 인민 공화국 ─ 인정×

모스크바 3국 외상 회의
├ 임시 정부
├ 신탁 통치 ─── 우익×
└ 미·소 공동 위원회

좌익○   대립↑

제1차 미·소 공동 위원회 △

이승만 정읍 발언
└ 남한만이라도 정부○

좌·우 합작 운동
여운형   김규식

제2차 미·소 공동 위원회 ×

유엔: 인구 비례 총선거 → 남한○

> 광복 이후 남과 북이 나뉘어지게 된 과정을 살펴보자.

독립 준비 대한민국 임시 정부는 한국광복군을 창설하고 우리 힘으로 독립하고자 했어.
광복 광복 후 소련과 미국은 38도선을 경계로 한반도의 북쪽과 남쪽을 분할 점령했어.
신탁 통치 모스크바 3국 외상 회의에서 신탁 통치를 결의하자 우익과 좌익이 대립했어.
좌·우 합작 운동 여운형과 김규식이 중심이 되어 좌·우 합작 운동이 일어났지만 실패했어.
남한 총선거 실시 미·소 공동 위원회가 결렬되자 유엔은 남한만 총선거를 치르기로 결정했어.

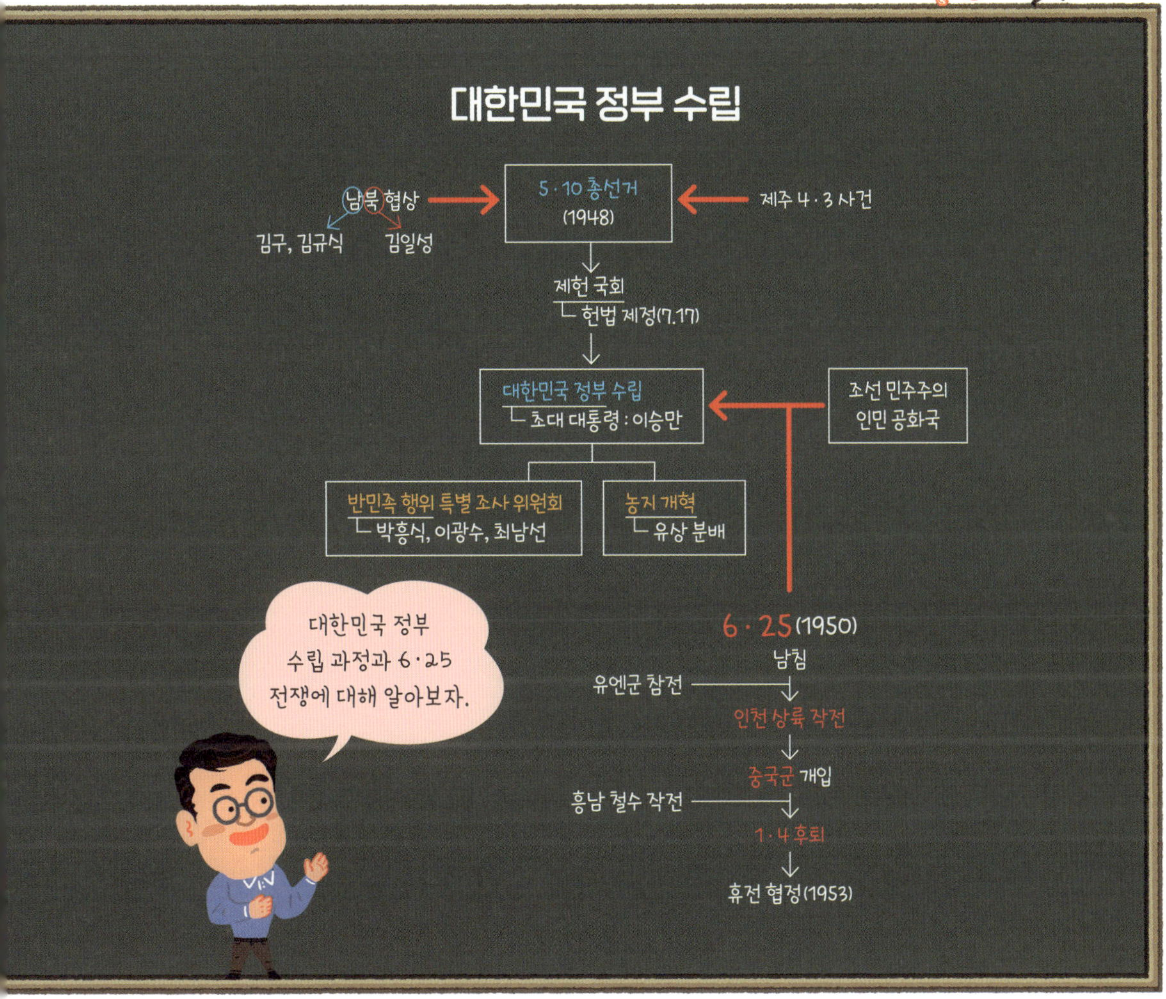

대한민국 정부 수립

```
                    ┌──────────────┐
         남북 협상 → │  5·10 총선거  │ ← 제주 4·3 사건
                    │    (1948)    │
                    └──────┬───────┘
   김구, 김규식  김일성     │
                         제헌 국회
                         └ 헌법 제정(7.17)
                           ↓
                    ┌──────────────────┐
                    │ 대한민국 정부 수립 │ ← ┌──────────────┐
                    │ └ 초대 대통령:이승만│   │ 조선 민주주의 │
                    └────────┬─────────┘   │  인민 공화국  │
                 ┌───────────┴──────┐      └──────────────┘
        ┌────────────────────┐  ┌──────┐
        │ 반민족 행위 특별    │  │농지 개혁│
        │ 조사 위원회         │  │└유상 분배│
        │ └박흥식, 이광수, 최남선│  └──────┘
        └────────────────────┘

                              6·25 (1950)
                              └ 남침
                    유엔군 참전 ─┤
                              인천 상륙 작전
                                 ↓
                              중국군 개입
                    흥남 철수 작전 ─┤
                              1·4 후퇴
                                 ↓
                              휴전 협정(1953)
```

> 대한민국 정부 수립 과정과 6·25 전쟁에 대해 알아보자.

단독 정부 수립 반대 김구, 김규식 등은 남북 협상을 추진했어. 제주도에서는 4·3 사건이 일어났어.

대한민국 정부 수립 5·10 총선거를 통해 제헌 국회가 구성되었어.

친일파 청산 반민족 행위 처벌법을 제정, 반민 특위를 구성했으나 제대로 진행되지 못했어.

6·25 전쟁 북한의 남침으로 전쟁이 발발했어. 국군과 유엔군의 인천 상륙 작전이 성공했지만 중국군의 개입으로 1·4 후퇴를 했지. 1953년에 휴전 협정이 체결되었어.

큰★별쌤 별별 퀴즈

1. ★ 안에 들어갈 알맞은 말을 써 볼까요?

- 모스크바 3국 외상 회의의 결과가 국내에 알려지면서  통치 반대 운동이 전개되었다.

- 여운형과 김규식은 좌익과 우익의 대립을 줄이고 통일 정부 수립을 위해 노력하자는 좌·우  운동을 전개했다.

- 남한만의 단독 정부 수립에 반대하여 제주  사건이 일어났다.

2. 큰★별쌤이 설명하고 있는 것은 무엇일까요?

제헌 국회에서 친일파를 청산하기 위해 제정한 특별법이에요.

① 농지 개혁법　② 유신 헌법　③ 치외 법권　④ 반민족 행위 처벌법

3. 다음 문장이 맞으면 O, 틀리면 X에 동그라미를 그려 볼까요?

- 우리나라 최초의 민주주의 선거인 5·10 총선거는 대통령을 뽑는 선거였다.

- 한반도의 임시 정부 수립과 신탁 통치 문제를 협의하기 위해 미·소 공동 위원회가 열렸다.

- 6·25 전쟁으로 수많은 이산가족과 전쟁고아가 발생하였다.

4. 다음 인물이 활동한 내용을 찾아 선으로 연결해 볼까요?

난 여운형입니다.

남한만이라도 임시 정부를 세우자고 연설했어. 이후 대한민국 초대 대통령으로 당선되었어.

난 이승만입니다.

광복 직후 조선 건국 위원회를 세우고 통일 정부 수립을 위해 좌·우 합작 운동을 전개했어.

난 김구입니다.

남북의 분단을 막고자 남한만의 총선거를 강하게 반대하며 북측에 남북 협상을 제안했어.

큰★별쌤 별별 특강

조국의 독립을 위해 평생을 바친 백범 김구

김구는 우리나라 근현대사에서 빼놓을 수 없는 인물이야.

김구는 동학 농민 운동에 참여하고 의병 활동을 했어. 명성 황후의 원한을 갚고자 일본인 중위를 죽여 사형을 선고받았으나 고종의 특사로 풀려났지. 이후 신민회에서 활동하며 계몽 운동을 하다가 3·1 운동 이후 상하이로 망명하여 대한민국 임시 정부 조직에 참여했어. 또 한인 애국단을 조직하여 이봉창, 윤봉길 등의 의거를 지휘하였고, 대한민국 임시 정부의 주석이 된 후에는 한국광복군을 조직하여 대일 항쟁을 이끌었단다. 이처럼 김구는 조국의 독립을 위해 평생을 바쳐 노력했어. 김구는 조국 독립에 대한 간절함을 이렇게 표현했어.

'네 소원이 무엇이냐?' 하고 하느님께서 물으신다면,
나는 서슴지 않고 '내 소원은 오직 대한 독립이오.' 하고 대답할 것이다.
'그다음 소원은 무엇이냐?' 하고 물으시면 나는 또 '우리나라의 독립이오.' 할 것이요,
또 '그다음 소원이 무엇이냐?' 하고 세 번째 물으셔도 나는 더욱 소리를 높여
'내 소원은 우리나라 대한의 완전한 자주독립이오.' 하고 대답할 것이다.

김구는 한국광복군의 국내 진공 작전을 준비하던 중 일본의 항복 소식을 들었어. 우리 힘으로 나라를 되찾고자 했던 김구에게 일본의 항복 소식은 하늘이 무너지는 듯한 일이었지. 김구의 우려대로 광복 이후 외세에 의해 한반도는 남북으로 분단되고 좌우 이념 대립을 하게 되었지.

나의 하나의 소원은 삼천만 동포와 손을 잡고 통일된 조국, 독립된 조국의 달성을 위하여 함께 힘쓰는 것뿐입니다. 통일된 조국을 건설하려다가 38도선을 베고 쓰러질지언정 단독 정부 수립에는 절대 참여하지 않겠습니다.

— 삼천만 동포에 읍고함(1948.2)

김구는 이렇게 외치며 남한만의 총선거에 반대했지. 김구의 연설은 통일된 조국을 바라는 사람들의 마음을 울렸어.

김구는 남북 분단을 막기 위해 평양으로 향했어. 김구와 김규식은 북한의 김일성, 김두봉 등을 만나 통일 정부 수립을 위해 논의했지만 별다른 성과를 거두지 못했지. 결국 1948년 8월과 9월, 남한과 북한에 각각 단독 정부가 들어섰단다. 하지만 김구는 포기하지 않고 조국 통일 운동을 이어 갔지. 그러다가 1949년 자신의 집인 경교장에서 육군 소위 안두희의 총에 맞아 세상을 떠나고 말았단다.

도전! 한국사능력검정시험

★ 초급 44회 38번
1. 다음 가상 대화가 있었던 시기를 연표에서 옳게 고른 것은?

① (가)
② (나)
③ (다)
④ (라)

★ 초급 46회 37번
2. (가) 시기에 있었던 사실로 옳은 것은?

8·15 광복 → (가) → 5·10 총선거

① 윤봉길이 상하이에서 의거를 일으켰다.
② 김구와 김규식 등이 남북 협상을 추진하였다.
③ 유엔군과 국군이 인천 상륙 작전에 성공하였다.
④ 안중근이 하얼빈에서 이토 히로부미를 저격하였다.

★★★ 기본 48회 45번
3. 밑줄 그은 '위원회'로 옳은 것은?

이곳 덕수궁 석조전에서는 모스크바 3국 외상 회의에서 결정된 한반도의 임시 민주 정부 수립 문제를 협의하기 위해 위원회가 열렸습니다.

① 남북 조절 위원회
② 미·소 공동 위원회
③ 조선 건국 준비 위원회
④ 반민족 행위 특별 조사 위원회

★★★ 기본 49회 45번
4. (가) 전쟁 중에 있었던 사실로 옳은 것은?

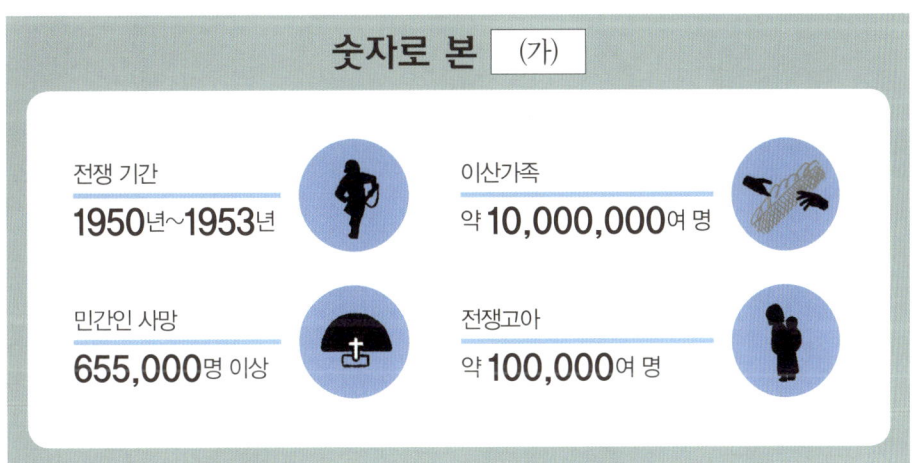

① 인천 상륙 작전이 전개되었다.
② 모스크바 3상 회의가 개최되었다.
③ 미국이 애치슨 선언을 발표하였다.
④ 반민족 행위 처벌법이 제정되었다.

2. 민주주의의 발전

대한민국 헌법 제1조
① 대한민국은 민주 공화국이다.
② 대한민국의 주권은 국민에게 있고, 모든 권력은 국민으로부터 나온다.

대한민국은 민주주의 국가란다. 대한민국의 주권은 국민에게 있다는 말이지. 대한민국 헌법 제1조에도 대한민국의 주권은 국민에게 있다고 명시되어 있단다.
하지만 민주주의가 우리나라에 뿌리내리기까지 어려움이 많았어. 그때마다 수많은 사람들이 민주주의를 지키기 위해 광장으로 나와 목소리를 높였지. 더 나은 대한민국을 만들기 위해서 피땀을 흘리며 싸운 거야. 우리나라 민주주의의 발전은 '광장의 기적'이라고 말할 수 있어. 이제부터 그 '광장의 기적'을 만나 보자.

1979년
부·마 민주 항쟁, 10·26 사태

1980년
5·18 민주화 운동

1987년
6월 민주 항쟁

4·19 혁명 ★ 독재 정권을 무너뜨리다

1948년 8월 15일 대한민국 정부가 선포되고 이승만 정부가 수립되었어.

지금은 국민이 직접 대통령을 뽑지만 당시 제헌 헌법에서는 대통령을 국회에서 선출하도록 했어. 대통령의 임기는 4년이고 1번 중임이 가능했지. 그러니까 당시 헌법상 대통령은 최대 2번까지 할 수 있었던 거야.

그런데 두 번째 국회 의원 선거에서 이승만을 지지하지 않는 국회 의원들이 많이 당선되었고, 이승만 정부는 다음 대통령 선거에서 승리하기 어렵다고 판단했어. 이승만 정부는 정권을 계속 이어 가기 위해 국회 의원들을 협박해 국민이 직접 대통령을 뽑을 수 있도록 헌법을 고쳤단다. 당시는 6·25 전쟁 중이었기 때문에 국민이 직접 투표하면 다시 한 번 대통령으로 당선될 수 있을 거라고 생각한 거야. 이 예상은 적중했고, 이승만은 다시 대통령에 당선되었어. 그런데 이후 이승만은 헌법을 또다시 고쳤어.

'초대 대통령에 한해서는 중임 규정을 없앤다.'

초대 대통령인 이승만이 영원히 대통령 선거에 나올 수 있도록 헌법을 고친 거야. 그것도 모자라 1960년 3월 15일에 실시된 정·부통령 선거에서 투표함 바꿔치기, 투표함에 투표용지 미리 넣기, 사람들에게 돈과 고무신을 주면서 찍을 번호 알려 주기 등 서슴없이 부정을 저질렀어.

이 사실을 알게 된 학생들이 들고일어났어. 시위는 경남 마산에서 제일 먼저 시작되었는데, 시위에 참여했던 김주열이라는 학생이 실종되었다가 며칠 후 마산 앞바다에서 얼굴에 최루탄이 박힌 채 발견되었지. 이 소식이 알려지자 대학생, 중·고등학생은 물론이고 초등학생까지 시위에 동참했어. 학생들이 민주주의를 지키기 위해 목소리를 높이자 대학교수들과 일반 시민들도 시위에 합류하면서 전국은 이승만 정권의 부정과 독재를 비판하는 목소리로 가득 찼단다.

시위에 나선 학생들 4·19 혁명은 4·19 학생 의거라고 불렸을 정도로 학생들의 참여가 많았어.

4·19 혁명이 일어난 거야. 국민들의 엄청난 저항에 결국 이승만은 대통령 자리에서 물러났어. 시민들이 4·19 혁명으로 독재 정권을 무너뜨리고 민주주의를 지켜 낸 거야.

4·19 혁명 이후 대통령은 나라의 대표 역할을 맡고 국무총리가 실질적인 나랏일을 담당하는 의원 내각제로 헌법 개정이 이루어졌어. 이 헌법에 따라 실시된 총선거에서 장면 내각이 들어섰지. 의원 내각제는 국회 의원이 많이 당선된 당이 나라 살림을 담당하는 행정부를 꾸릴 수 있는 권한을 갖는 정치 형태야. 의원 내각제로 운영된 건 장면 내각이 처음이자 마지막이었어.

박정희 정부 ★ 군사 정변을 통해 정권을 장악하다

4·19 혁명으로 민주주의가 정착되기 시작하자 사회 곳곳에서 민주화 요구가 활발해졌어. 하지만 장면 내각은 다양한 민주화 요구를 제대로 수용하지 못했지.

그러자 이러한 상황을 기회로 삼아 박정희와 일부 군인 세력은 군대를 동원해 **5·16 군사 정변**을 일으켰어. 권력을 잡고 대통령이 된 박정희는 세 번까지 대통령을 할 수 있도록 헌법을 고치는가 하면(3선 개헌) 10월 유신을 선포하고 헌법을 개정했어. **유신 헌법**은 대통령에게 막강한 힘을 실어 주었어. 대통령이 실질적으로 국회 의원 3분의 1을 뽑을 수 있고, 국회를 해산시킬 수 있었지. 또 횟수 제한 없이 대통령을 할 수 있게 되어 사실상 영구 집권이 가능해졌어. 게다가 대통령은 국가의 안전에 위협이 된다는 이유로 언제든지 국민의 자유나 권리를 제한하고 잡아 가두는 **긴급 조치권**을 발동할 수도 있었어.

그러자 유신 헌법에 반대하는 사람들이 광장으로 쏟아져 나왔어. 특히 1979년 부산과 마산을 중심으로 대학생과 시민들이 유신 철폐를 주장하며 대규모 시위를 벌였어. 박정희 정부는 민주화를 요구하는 국민들의 요구를 강하게 탄압했어. 그러던 중 박정희 대통령이 1979년 10월 26일 중앙정보부장 김재규가 쏜 총에 사망하는 사건이 벌어졌어. 이 **10·26 사태**로 18년간 이어진 박정희 정부는 막을 내렸단다.

박정희 정부는 미풍양속을 보호한다는 명목으로 경범죄 처벌법을 개정하여 장발과 미니스커트를 단속하였지.

5·16 군사 정변 1961년 5월 16일, 군사 정변을 일으킨 직후 박정희의 모습이야.

유신 반대 시위 박정희 정부는 유신 철폐를 요구하는 시민들을 강하게 탄압했어.

부·마 민주 항쟁 1979년 10월 부산 대학교 학생들이 벌인 민주화 시위가 지금의 창원인 마산으로 확산되었어. 부산과 마산의 시민과 학생들은 거리로 나와 유신 헌법 철폐를 요구했지.

5·18 민주화 운동 ★신군부 퇴진과 민주화를 요구하다

10·26 사태 이후 대통령이 사망한 국가적 위기를 극복해야 한다는 명분으로 전두환, 노태우를 중심으로 하는 신군부 세력이 정권을 장악하는 **12·12 사태**가 일어났어. 다시 한번 학생과 시민들은 거리로 나와 신군부 퇴진과 민주화를 요구했단다. 그러자 신군부는 비상계엄령을 선포하고 시위에 참여한 시민들을 진압했어.

계엄령은 국가 비상 사태에 군사권을 발동하여 치안을 유지하는 제도로, 헌법에 보장된 국민의 기본권을 제한할 수 있어.

 1980년 5월 광주에서도 신군부의 정권 장악과 계엄령 확대에 반대하며 대규모 시위가 일어났어. 시위가 일어나자 신군부 세력은 오히려 계엄령을 전국으로 확대하고 무장한 군인들을 앞세워 강압적으로 시위를 봉쇄했지.
 계엄령이 발동된 다음 날인 1980년 5월 18일, 광주의 전남 대학교에서 학생들이 시위를 벌이자 계엄군은 폭력적으로 학생들을 진압했어. 이후 민주화를 요구하는 광주 시민들까지 닥치는 대로 때리며 잡아갔고, 급기야 총까지 쏘았어. 군인들의 폭력적인 진압에 수많은 사람들이 다치고 목숨을 잃자 광주 시민들은 분노했어. 광주 시민들은 시민군을 조직해 전라남도 도청을 점거하고 계엄군에 맞섰지. 계엄군은 광주의 모든 통신 시설을 끊고 다른 지역과의 접촉을 차단했어. 그리고 광주에서 폭동이 일어났다며 거짓 정보를 언론에 알렸어.

광주 시민들은 광주에서 벌어지고 있는 처참한 상황을 알리고자 노력하는 한편, 자치 공동체를 만들어 질서를 유지하고자 노력하면서 부상자를 돌보고 음식을 만들어 시위대에게 나눠 주었지. 계엄군의 무자비한 진압이 이어지는 상황 속에서 광주 시민들은 놀라운 시민 의식을 보여 주었단다.

혈액이 부족하여 많은 환자가 수술을 받지 못한다는 사실을 알게 된 시민들의 헌혈을 자원하는 발길이 끊이지 않았던 것이다. …… 병원 개원 이래 가장 많은 혈액을 보유하게 되었고 보관할 냉장고가 부족할 지경이었다.

- 《5·18 10일간의 야전 병원》 중

그러나 계엄군은 1980년 5월 27일 탱크를 앞세우고 전라남도 도청 안에 있는 시민군에게 사격을 가했어. 도청에서 계엄군에 맞섰던 시민군 대부분이 목숨을 잃었지. 도청을 진압한 계엄군은 광주 전역에서 부녀자는 물론 초등학생과 임신부까지 연행했단다.

계엄군에 의해 **5·18 민주화 운동**은 진압됐지만 결코 실패한 것은 아니었어. 5·18 민주화 운동의 진실은 외국 기자들과 당시 현장을 목격한 사람들에 의해 세상에 알려졌고, 국민들은 전두환 정부에 분노했지. 이후 국민들의 민주화에 대한 열망은 더욱 뜨거워졌어.

5·18 민주화 운동 당시 공공 기관에서 작성한 문서, 시민들의 일기, 기자들의 취재 수첩, 시민들의 선언문과 증언, 피해자의 병원 치료 기록, 국가의 피해자 보상 자료 등을 비롯한 많은 5·18 민주화 운동 기록물은 5·18 민주화 운동 과정을 상세하게 알려 주고 다른 나라의 민주화 운동에 영향을 준 점 등을 인정받아 유네스코 세계 기록 유산으로 등재되었단다.

국민을 지켜야 할 군인들이 국민에게 총을 겨누다니……. 정말 너무해!

6월 민주 항쟁 ★ 대통령 직선제를 이루다

민주화에 대한 열망이 높아지던 1987년, 민주화 운동 관련자 수사를 하던 경찰의 고문으로 대학생 박종철이 숨지는 사건이 일어났어. 그런데 경찰은 박종철이 심장 마비로 죽었다고 거짓 발표를 했어. 하지만 양심 있는 사람들이 용기를 내어 진실을 세상에 알렸단다.

박종철의 죽음이 알려지자 분노한 사람들은 전두환 정권의 퇴진과 국민이 직접 대통령을 뽑을 수 있는 대통령 직선제 개헌을 요구했어. 하지만 전두환 정부는 이전 방식대로 정부에 우호적인 세력을 체육관에 모아 놓고 대통령을 선출하는 방식을 유지하겠다는 4·13 호헌 조치를 발표했어. 신군부 세력이 계속 정권을 이어 나가겠다는 뜻이었지.

민주화를 요구하는 학생들 박종철 고문치사 사건이 알려지자 민주화를 요구하는 목소리는 더욱 커졌지.

침묵시위를 벌이는 학생들
경찰의 고문으로 사망한 박종철을 추모하는 침묵시위로 민주화를 요구하고 있어.

호헌 철폐!
독재 타도!

사람들은 4·13 호헌 조치를 반대하며 민주화를 요구하는 시위를 벌였어. 그러던 중 6월 9일, 대학생 이한열이 시위를 하다가 경찰이 쏜 최루탄을 맞아 쓰러지는 사건이 일어났어. 그러자 분노한 사람들이 전국에서 "호헌 철폐! 독재 타도!"를 외치며 거리로 쏟아져 나왔어. 학생들뿐만 아니라 '넥타이 부대'라고 불리는 회사원들까지 거리로 나와 독재 정권에 맞서 싸웠지.

6월 민주 항쟁 이후, 결국 당시 여당 대표였던 노태우가 대통령 직선제를 수용하겠다는 **6·29 민주화 선언**을 발표했단다. 다시 한번 시민의 힘으로 독재 정권을 무너뜨린 거야. 이후 5년 단임의 대통령 직선제로 헌법이 개정되었어. 국민들의 요구가 반영된 개헌이었지. 새 헌법에 따라 실시된 선거로 노태우 정부가 출범했단다.

박종철 고문치사 사건은 용기 있는 사람들 덕분에 진실이 알려질 수 있었단다. 응급실 의사와 기자에게 물고문이 있었음을 넌지시 알린 오연상 의사, 경찰이 고문 사실을 숨기기 위해 시신을 바로 화장하라고 요청하자 이를 막고 시신을 부검하라고 지시한 최환 검사, 경찰이 부검 결과를 '쇼크사(신체 기능이 급격히 나빠져 사망하는 일)'로 하라고 요구했지만 진실되게 '질식사'로 부검 결과를 작성한 황적준 부검의 등 서슬이 퍼런 권력 앞에서도 양심을 지켰던 사람들이 있었다는 걸 잊지 말자.

민주주의의 진전
★ 민주주의를 지키기 위해 계속 노력하다

노태우 정부는 1988년 서울 올림픽을 성공적으로 개최했어. 세계인들은 대한민국의 발전된 모습을 보고 깜짝 놀랐지.

처음으로 수립된 문민정부인 김영삼 정부는 지방 자치제를 전면적으로 실시했어. 지방 자치제는 지역 주민이 직접 뽑은 대표가 그 지역의 살림을 맡는 제도야. 또 역사를 바로 세우기 위해 전두환과 노태우를 법정에 세워 12·12 사태와 5·18 민주화 운동과 관련된 범죄 사실에 대해 법적 책임을 물었어.

김영삼 정부에 이어 김대중 정부가 들어서면서 평화적인 정권 교체가 이루어졌어. 김대중 정부는 소외 계층을 위한 복지를 향상시키고 역사의 진실을 밝히는 데

촛불 집회 시민들이 촛불을 들고 모여 박근혜 정권 퇴진을 요구했어.

힘썼어. 또 2002년 한일 월드컵 대회를 성공적으로 개최했는데, 월드컵을 응원하러 광장으로 나온 사람들이 모두 "대~한민국"을 외치며 하나가 되었지.

  김대중 정부 다음으로 들어선 노무현 정부는 권위주의 청산을 위해 노력하며 국민과 함께하는 민주주의를 내세웠어. 노무현 정부에 이어서 이명박, 박근혜 정부가 차례로 들어섰는데, 박근혜 정부 때 잘못된 정치로 민주주의가 다시 후퇴할 위기에 처하자 국민들이 촛불을 들고 또다시 광장으로 나와 박근혜 정권 퇴진을 외쳤지. 결국 박근혜는 헌법 재판소의 탄핵 판결로 대통령 자리에서 물러났어.

  우리나라 국민은 민주주의가 위기일 때마다 거리로 나섰지. 그렇게 우리는 광장의 기적을 통해 민주주의를 지켜 냈어.

큰★별쌤 한판 정리

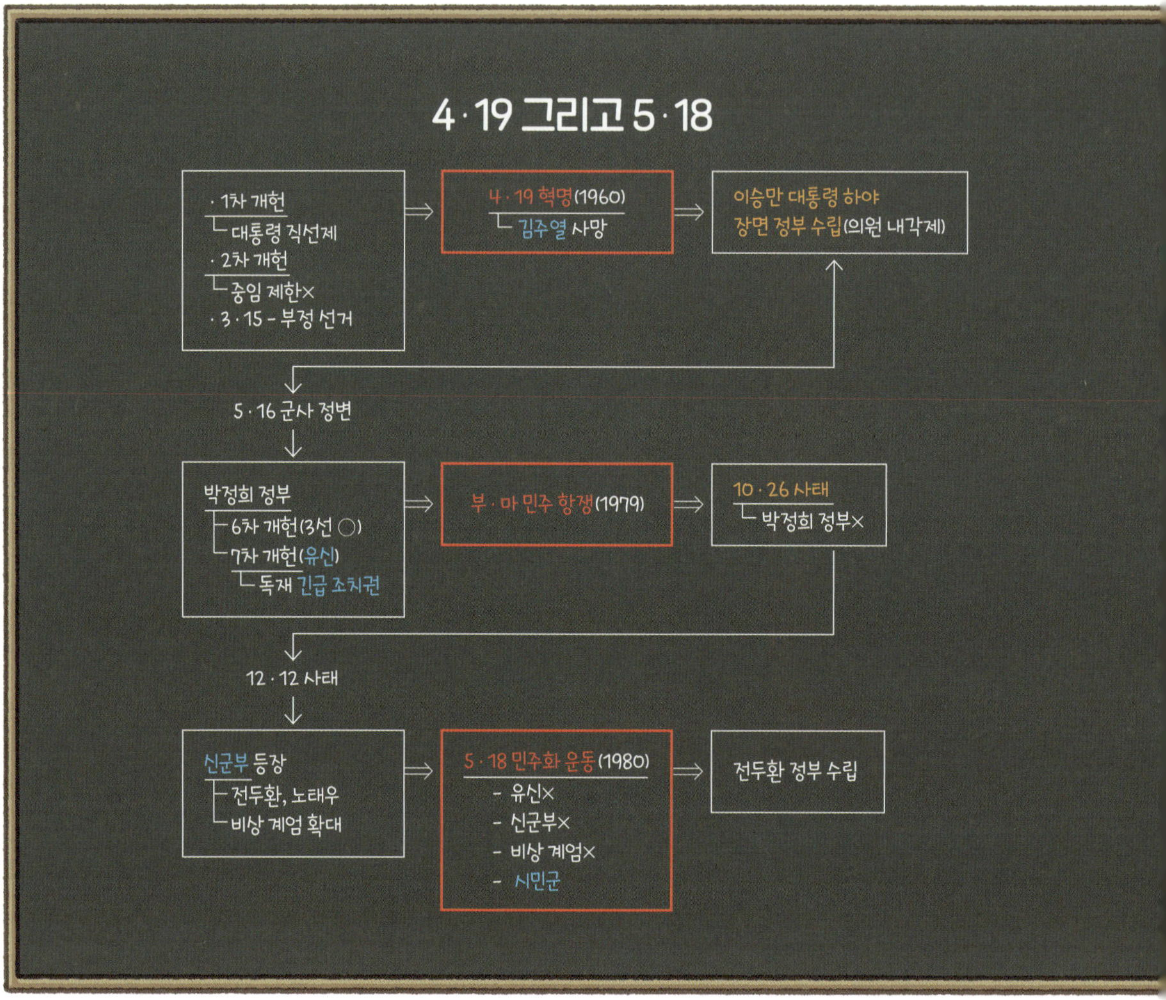

4·19 그리고 5·18

- 1차 개헌
  - 대통령 직선제
- 2차 개헌
  - 중임 제한×
- 3·15 부정 선거

→ **4·19 혁명 (1960)**
  - 김주열 사망

→ 이승만 대통령 하야
  장면 정부 수립 (의원 내각제)

↓ 5·16 군사 정변

- 박정희 정부
  - 6차 개헌 (3선 ○)
  - 7차 개헌 (유신)
  - 독재 긴급 조치권

→ **부·마 민주 항쟁 (1979)**

→ 10·26 사태
  - 박정희 정부 ×

↓ 12·12 사태

- 신군부 등장
  - 전두환, 노태우
  - 비상 계엄 확대

→ **5·18 민주화 운동 (1980)**
  - 유신 ×
  - 신군부 ×
  - 비상 계엄 ×
  - 시민군

→ 전두환 정부 수립

4·19 혁명 이승만 정권의 독재와 3·15 부정 선거를 비판하는 시위가 일어났고, 이승만은 하야했어.

5·16 군사 정변 박정희와 군인 세력은 정변을 통해 정권을 차지하고 헌법을 고쳐 독재를 이어 갔어.

부·마 민주 항쟁 유신 헌법을 반대하는 민주화 운동인 부·마 민주 항쟁이 일어났어.

12·12 사태 10·26 사태로 박정희가 사망하자 신군부 세력은 12·12 사태를 일으켰어.

5·18 민주화 운동 신군부 퇴진과 비상 계엄령 철폐를 요구하는 5·18 민주화 운동이 광주에서 시작되었어.

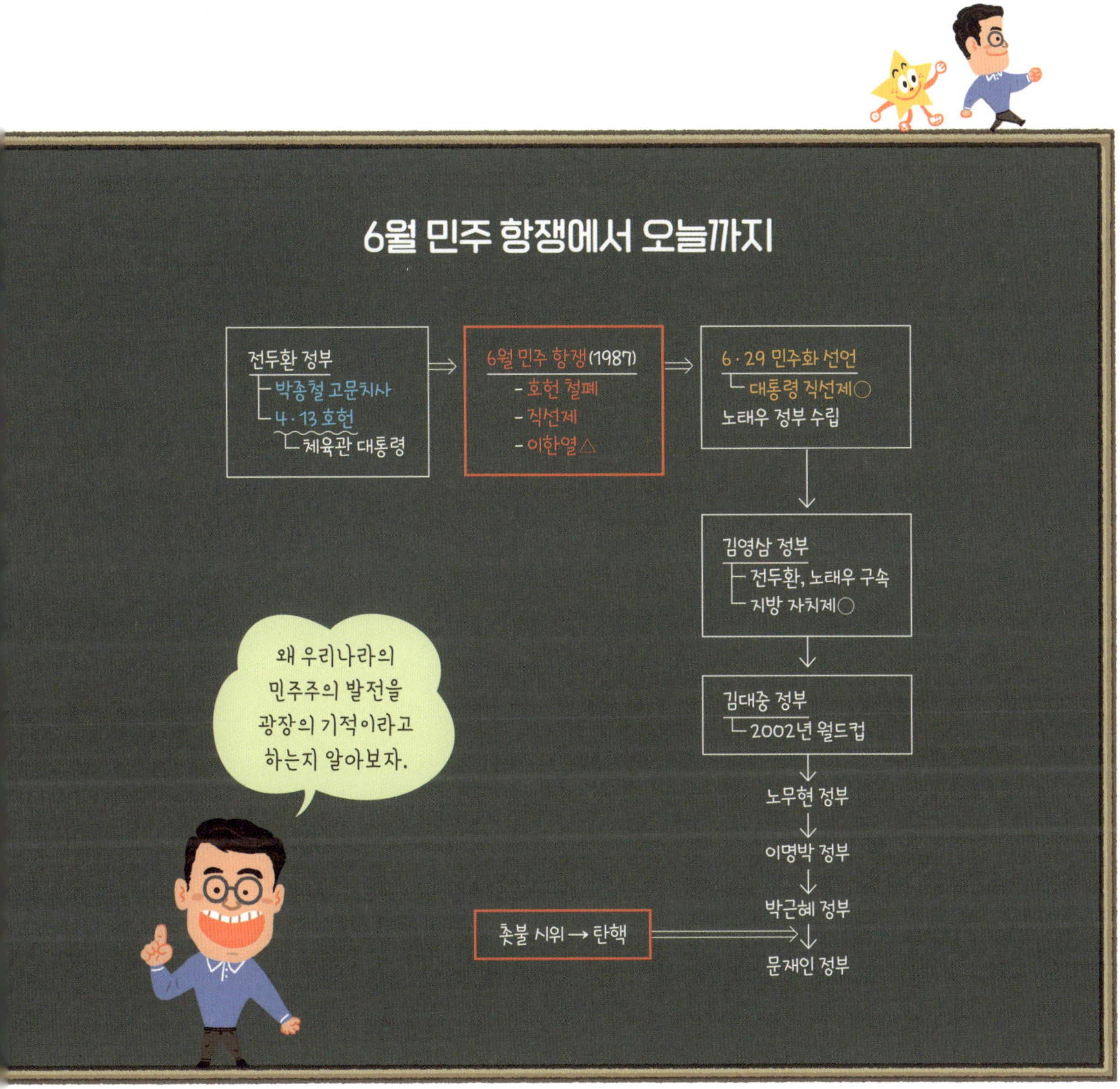

6월 민주 항쟁에서 오늘까지

- 전두환 정부
  - 박종철 고문치사
  - 4·13 호헌
  - 체육관 대통령
→ 6월 민주 항쟁(1987)
  - 호헌 철폐
  - 직선제
  - 이한열 △
→ 6·29 민주화 선언
  - 대통령 직선제 ○
  - 노태우 정부 수립
→ 김영삼 정부
  - 전두환, 노태우 구속
  - 지방 자치제 ○
→ 김대중 정부
  - 2002년 월드컵
→ 노무현 정부
→ 이명박 정부
→ 박근혜 정부 ← 촛불 시위 → 탄핵
→ 문재인 정부

왜 우리나라의 민주주의 발전을 광장의 기적이라고 하는지 알아보자.

6월 민주 항쟁 전두환 정부는 민주화 운동을 탄압하면서 박종철 고문치사 사건을 일으키고 직선제 개헌 요구를 거부하는 4·13 호헌 조치를 발표했어. 이에 시민들은 호헌 철폐와 대통령 직선제를 요구하며 6월 민주 항쟁을 일으켰어.

6·29 민주화 선언 대통령 직선제를 수용하겠다는 6·29 민주화 선언을 발표했어. 이후 5년 단임의 대통령 직선제 개헌이 이루어졌고, 노태우 정부가 출범했어.

지방 자치제 김영삼 정부는 지방 자치제를 전면적으로 실시하였어.

큰★별쌤 별별 퀴즈

1. ★ 안에 들어갈 알맞은 말을 써 볼까요?

- 이승만 정부는 초대 대통령에 한하여 ★★ 제한을 없애는 개헌안을 통과시켜 영원히 대통령을 할 수 있도록 헌법을 고쳤다.

- 박정희 등 일부 군인이 ★·★ 군사 정변을 일으켜 정권을 장악하였다.

- 박정희 정부는 ★★ 헌법을 통해 대통령이 막강한 권력을 가질 수 있도록 하여 독재를 강화했다.

2. 큰★별쌤이 설명하고 있는 것은 무엇일까요?

1960년에 학생을 비롯한 국민들이 이승만 자유당 정부의 독재와 부정부패, 부정 선거에 항의하며 벌인 민주 항쟁이야. 이 일로 결국 이승만은 대통령 자리에서 물러났어.

① 4·19 혁명　　② 5·18 민주화 운동　　③ 6월 민주 항쟁　　④ 3·1 운동

3. 다음 문장이 맞으면 O, 틀리면 X에 동그라미를 그려 볼까요?

- 유신 헌법에 반대하여 부산과 마산에서 대규모 시위가 일어났다. O X

- 10·26 사태 이후 민주적인 절차와 방법으로 전두환 정부가 들어섰다. O X

- 6월 민주 항쟁의 결과 5년 단임의 대통령 직선제 개헌이 이루어졌다. O X

4. 다음 일들이 일어난 정부를 찾아 선으로 연결해 볼까요?

한일 월드컵 대회 개최

서울 올림픽 대회 개최

지방 자치 제도 실시

● 노태우 정부

● 김영삼 정부

● 김대중 정부

큰★별쌤 별별 특강

5·18 민주화 운동을 알린 푸른 눈의 목격자, 힌츠페터

　독일 공영 방송의 기자인 위르겐 힌츠페터는 일본에서 특파원으로 활동하고 있었어. 1980년 5월 힌츠페터는 한국에서 벌어지고 있는 심상치 않은 상황에 대해 전해 듣게 되었지. 힌츠페터는 한국의 상황을 취재하기 위해 전라남도 광주로 향했어. 당시 광주는 계엄군에 의해 통신과 도로가 모두 봉쇄되어 진입조차 쉽지 않았어. 힌츠페터는 서울에서부터 택시를 타고 돌고 돌아 겨우 광주로 들어갈 수 있었지.

　5월 20일 오전, 광주에 도착한 힌츠페터는 광주 시민들의 참혹한 모습을 목격했어. 베트남 전쟁의 종군 기자로 활동하는 등 위험한 취재를 마다하지 않았던 힌츠페터에게도 광주 사태는 참혹하고 끔찍했어. 힌츠페터는 흐르는 눈물을 참으며 계엄군의 무자비한 진압에 희생당한 광주 시민들의 모습을 카메라에 담았어.

　그렇게 힌츠페터가 촬영한 필름은 삼엄한 감시를 뚫고 과자 더미에 숨겨져 일본을 거쳐 독일로 전해졌어. 힌츠페터가 보낸 필름은 독일의 공영 방송을 통해 방송되어 한국에서 벌어진 군사 정부의 폭압을 세계에 알리는 결정적인 역할을 했지. 또 '기로에 선 한국'이란 제목의 다큐멘터리로 제작되어 여러 나라에서 방송되었고 우리나라에서도 비밀리에 상영되었어.

힌츠페터의 영상은 5·18 민주화 운동을 기록한 희귀한 자료야. 힌츠페터의 사명감과 용기가 없었다면 신군부가 자행한 만행을 알 수 없었을 거야. 힌츠페터는 광주에 간 이유를 묻는 기자의 질문에 '당연히 가야 한다고 생각한다. 그게 기자가 하는 일이다.'라고 답했다고 해. 힌츠페터는 은퇴한 후에도 5·18 민주화 운동 자료를 수집하며 진실을 알리려 노력했단다.

힌츠페터는 죽고 난 뒤 전라남도 광주에 묻히길 원했다고 해. 그의 바람대로 2016년 힌츠페터의 유해 일부가 광주 국립 5·18 민주 묘지에 묻혔어. 대한민국도 5·18 민주화 운동을 알린 푸른 눈의 목격자 힌츠페터에게 감사하는 마음으로 추모 비석을 세웠단다.

도전! 한국사능력검정시험

★ 초급 45회 36번
1. (가)에 들어갈 학습 주제로 옳은 것은?

① 4·19 혁명
② 6월 민주 항쟁
③ 6·10 만세 운동
④ 5·18 민주화 운동

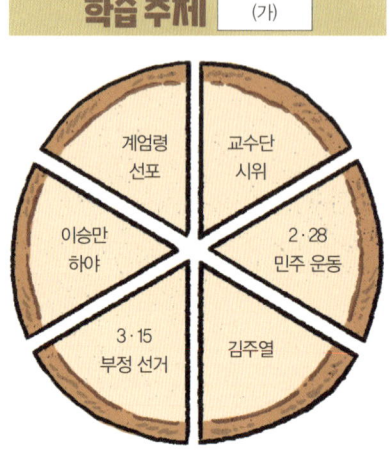

★★ 중급 44회 49번
2. 다음 문서를 작성한 정부 시기의 사실로 옳은 것은?

장발 단속 계획 보고

1. 보고 주문
국민의 주체 의식을 확립하고 건전한 사회 기풍을 정착화하기 위하여 별첨과 같이 장발 단속 계획을 수립 실천키로 하였기에 보고합니다.

2. 보고 이유
가. 장발 단속은 그동안 경찰에서 지도 단속과 아울러 자율적인 각성을 촉구하여 왔으나 일부 사회 지도층을 비롯하여 국민의 무관심과 이해 부족으로 그 실효를 거두지 못하고 있는 실정으로서
나. 앞으로 행정부 산하 각급 공무원이 솔선수범함은 물론 …… 도시 새마을 운동으로 발전시켜 점차 범국민 운동으로 추진하고자 함.

① 긴급 조치가 발표되었다.
② 서울 올림픽 대회가 열렸다.
③ 가족 관계 등록법이 시행되었다.
④ 금융 실명제가 전격 실시되었다.
⑤ 국민 기초 생활 보장법이 제정되었다.

★★★ 기본 47회 48번
3. (가) 민주화 운동에 대한 설명으로 옳은 것은?

답사 계획서 △학년 △반 이름 : △△△

- 주제 : (가)
- 날짜 : 2020년 ○○월 ○○일
- 답사 장소

장소	사진	설명
구 남영동 치안본부 대공분실		박종철 학생이 물고문을 당한 끝에 사망한 장소
이한열 기념관		경찰이 쏜 최루탄에 맞아 사망한 이한열 학생의 민주 항쟁을 기념하기 위한 장소
대한성공회 서울주교좌 성당		'박종철 군 고문 살인 은폐·조작 규탄 및 민주 헌법 쟁취 범국민 대회'가 개최된 장소

① 대통령이 하야하는 결과를 가져왔다.
② 유신 체제가 붕괴되는 계기가 되었다.
③ 5년 단임의 대통령 직선제 개헌을 이끌어냈다.
④ 신군부의 비상계엄 확대에 반대하여 일어났다.

★★★ 기본 48회 48번
4. 밑줄 그은 '이 사건'으로 옳은 것은?

이 문서가 미국 정부에서 공개한 자료인가요?

네, 우리 정부의 요청으로 추가 공개된 기밀문서입니다. 이 문서는 40년 전 이 사건 당시 광주 시민들이 민주주의의 회복과 계엄령 철폐를 요구하며 신군부에게 저항했던 상황을 조금 더 구체적으로 파악하는 데 도움을 줄 것으로 기대됩니다.

① 4·19 혁명
② 6월 민주 항쟁
③ 부·마 민주 항쟁
④ 5·18 민주화 운동

1962년
경제 개발 5개년 계획
(~1981년)

1965년
한·일 협정 조인

1970년
경부 고속 국도 개통,
전태일 분신 사건

1973년
포항 제철소 준공

1977년
수출 100억 달러 달성

3 경제 성장과 발전

　6·25 전쟁이 끝난 뒤, 대한민국은 세계에서 가장 가난한 나라 중 하나였어. 식민지에서 벗어난 지 얼마 지나지 않아 전쟁을 겪어서 우리나라는 폐허나 다름없었지.

　우리나라 사람들은 힘든 상황 속에서도 다음 세대에 가난을 물려주지 않겠다는 꿈을 가지고 정말 열심히 일했어. 또 전쟁 중에도 피난지에 천막 학교를 세울 정도로 열성적으로 아이들을 교육시켰어. 집을 떠나 피난지에서 사는 건 고되고 힘든 일이었지. 하지만 천막 학교는 항상 공부하려는 학생으로 꽉 찼어. 전쟁이 끝난 뒤에 우리나라는 의무 교육을 실시했고 그 결과 문맹률이 크게 낮아졌어. 이는 경제 성장을 이루는 밑바탕이 되었지.

　이처럼 세계 어느 나라보다 열심히 일하고 교육에 힘쓴 결과 우리나라는 놀라운 경제 발전을 이루었어. '한강의 기적'이라고 불리는 우리나라 경제 발전의 모습을 알아보자.

경제 협력 개발 기구(OECD) 가입
1996년

1997년
IMF 구제 금융 요청

경제 재건을 위한 노력
★경제 개발을 위한 자금을 마련하다

6·25 전쟁 이후 미국은 우리나라에 밀, 설탕, 면화 등을 원조했어. 그래서 미국이 지원해 준 농산물과 소비재로 밀가루, 설탕, 면직물 등을 만드는 삼백 산업이 발달했지. 밀가루, 설탕, 면직물이 모두 하얘서 삼백 산업이라고 불렀어.

산업 기반 시설을 갖추기 위해 돈이 필요했던 박정희 정부는 독일에 광부와 간호사를 파견하고 그들의 임금을 담보로 돈을 빌려 왔어. 고향을 떠나 머나먼 이국 땅에서 광부들은 깊은 땅속의 광산에 들어가 광물을 캤고, 간호사들은 병원에서 시신을 닦는 일까지 했어. 주로 독일 사람들이 꺼리는 일들을 우리나라 노동자들이 한 거야. 또 박정희 정부는 경제 개발에 필요한 돈을 마련하고자 국민들의 반대에도 불구하고 한·일 협정을 체결했어. 그 대가로 일본은 식민 통치 35년에 대한 진정한 사과 없이 독립 축하금 명목으로 자금을 건넸지. 일제 강점기에 피해를

파독 광부와 간호사들 독일에 파견된 광부와 간호사들이 열심히 일해서 번 돈은 한국 경제 발전의 밑거름이 됐어.

한·일 협정 반대 시위 일본의 충분한 사과와 배상 없이 이루어진 한·일 협정을 국민들은 반대했어.

나도 반대!

입은 사람들이 받아야 할 배상금을 국가가 대신 받아 버린 거야.

또 베트남 전쟁에 한국군을 파병했어. 그 대가로 미국은 대한민국 국군의 현대화를 위한 장비 제공과 경제적 지원을 약속했지. 하지만 베트남 파병으로 수많은 한국군이 목숨을 잃거나 다쳤고, 베트남 사람들도 피해를 입었어.

베트남 파병 베트남 전쟁에 파병되는 한국군 맹호 부대의 모습이야.

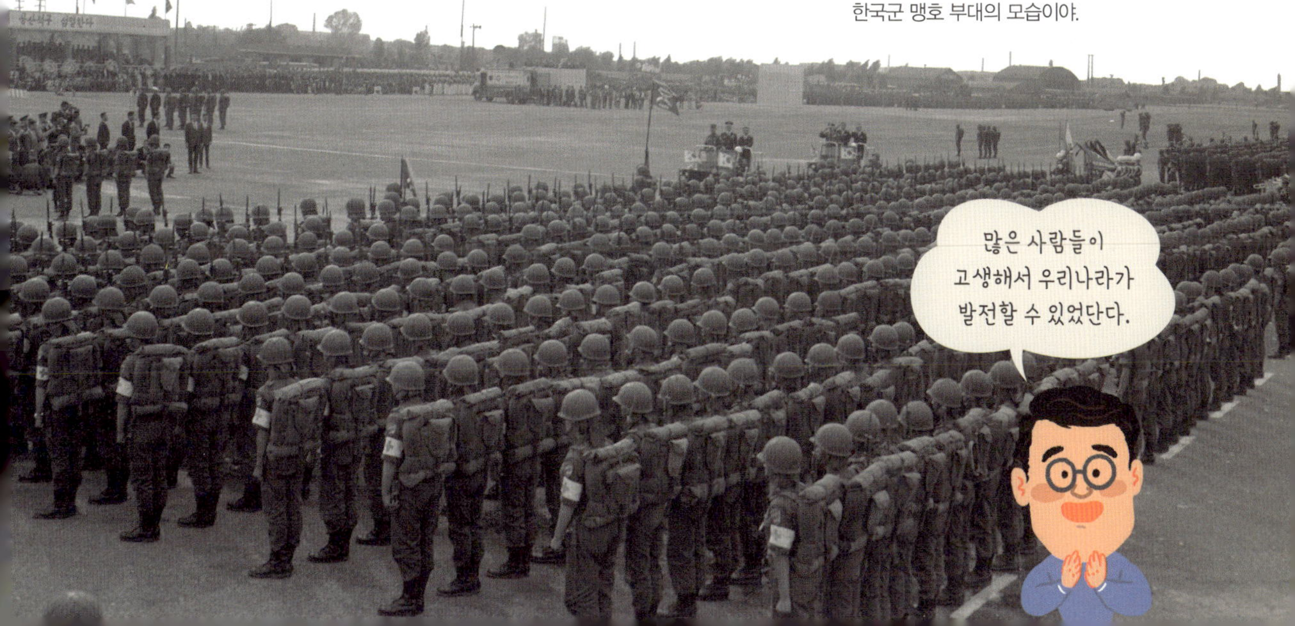

많은 사람들이 고생해서 우리나라가 발전할 수 있었단다.

한강의 기적 ★ 경제 개발 추진으로 고도 성장을 이루다

우리나라는 1950년대에 경제 발전의 기초를 마련한 뒤, 1960년대에 박정희 정부가 들어서면서 본격적으로 **경제 개발 5개년 계획**을 시행했어. 경제 개발 5개년 계획은 5년 단위로 목표를 정해 놓고 경제 개발을 추진하는 거야.

1960년대에는 경공업 분야를 집중적으로 키워 나갔지. 경공업은 신발, 의류, 가발 등을 만드는 산업으로 자본은 적게 들고 노동력이 많이 필요한 산업이야. 우리나라 노동자들은 낮은 임금을 받으면서도 가난에서 벗어나기 위해 열심히 일했단다. 우리나라 경제는 풍부한 노동력을 바탕으로 값싸고 질 좋은 상품을 만들어 미국, 일본 등에 수출하면서 급속히 성장했어.

경부 고속 도로 1970년 7월 7일 경부 고속 국도가 개통되면서 전국이 일일생활권 안에 들게 되었어.

공장에서 생산된 물품이나 원자재를 원활하게 운송하기 위해 서울과 부산을 잇는 **경부 고속 국도**도 건설했지. 이전까지는 서울에서 부산까지 12시간 이상 걸렸는데 경부 고속 국도가 개통되면서 4시간 30분이면 갈 수 있게 되었어.

1970년대에는 경공업보다 기술과 자본이 더 필요한 중화학 공업을 육성했지. 철강, 배, 자동차, 기계 등을 생산하는 중공업과 석유, 화학 같은 화학 공업을 중화학 공업이라고 해. 공업 단지가 조성되고 포항 제철소 같은 대규모 공장이 설립되면서 중화학 공업은 빠르게 성장했지. 정부도 적극적으로 수출 기업을 지원하면서 1970년대에는 우리나라의 수출이 크게 증가했어.

우리나라가 경제 성장에 온 힘을 쏟고 있을 때 세계적인 경제 위기가 찾아왔어. 중동 지역에서 전쟁 위험이 높아지자 석유를 생산하는 나라들이 석유 생산량을 줄이고 가격을 올리면서 **석유 파동**이 발생한 거야. 우리나라처럼 석유를 전량 수입하는 나라는 큰 타격을 받았지. 물건을 만드는 원료인 석유의 가격이 크게 오르면서 수출에 영향을 준 거야.

반면에 석유 가격이 오르면서 돈을 많이 벌어들인 중동 지역의 나라들은 도로를 내고 건물을 짓는 등 사회 기반 시설을 크게 확충했어. 그러자 우리나라의 건설 회사들은 발 빠르게 중동 지역 건설 사업에 뛰어들어 위기를 기회로 만들었지. 수많은 노동자들이 중동으로 날아가 사막의 뜨거운 태양과 따가운 모래바람을 견디며 도로를 닦고 건물을 지었어. 건설 노동자들이 중동 지역에서 벌어들인 외화는 우리나라의 경제 발전에 큰 도움이 되었단다.

중동 건설 우리나라 노동자의 임금이 낮기 때문에 유리한 조건으로 중동 건설 사업권을 따낼 수 있었어. 우리나라 근로자들은 뜨거운 모래바람이 불어오는 사막에서 힘들게 일을 하며 외화를 벌었단다.

1960년대 이후 우리나라는 높은 경제 성장률을 이어 갔어. 1953년 우리나라의 1인당 국민 총소득은 67달러에 불과했지만 1977년에는 1000달러를 넘어섰지. 수출이 크게 증가하면서 1977년에 드디어 수출 100억 달러를 달성했단다. 공업화가 본격화된 지 20여 년 만에 탄탄한 산업 국가로 탈바꿈한 거야. 전 세계 사람들이 **한강의 기적**이라고 부를 만큼 비약적인 경제 성장을 이뤘단다.

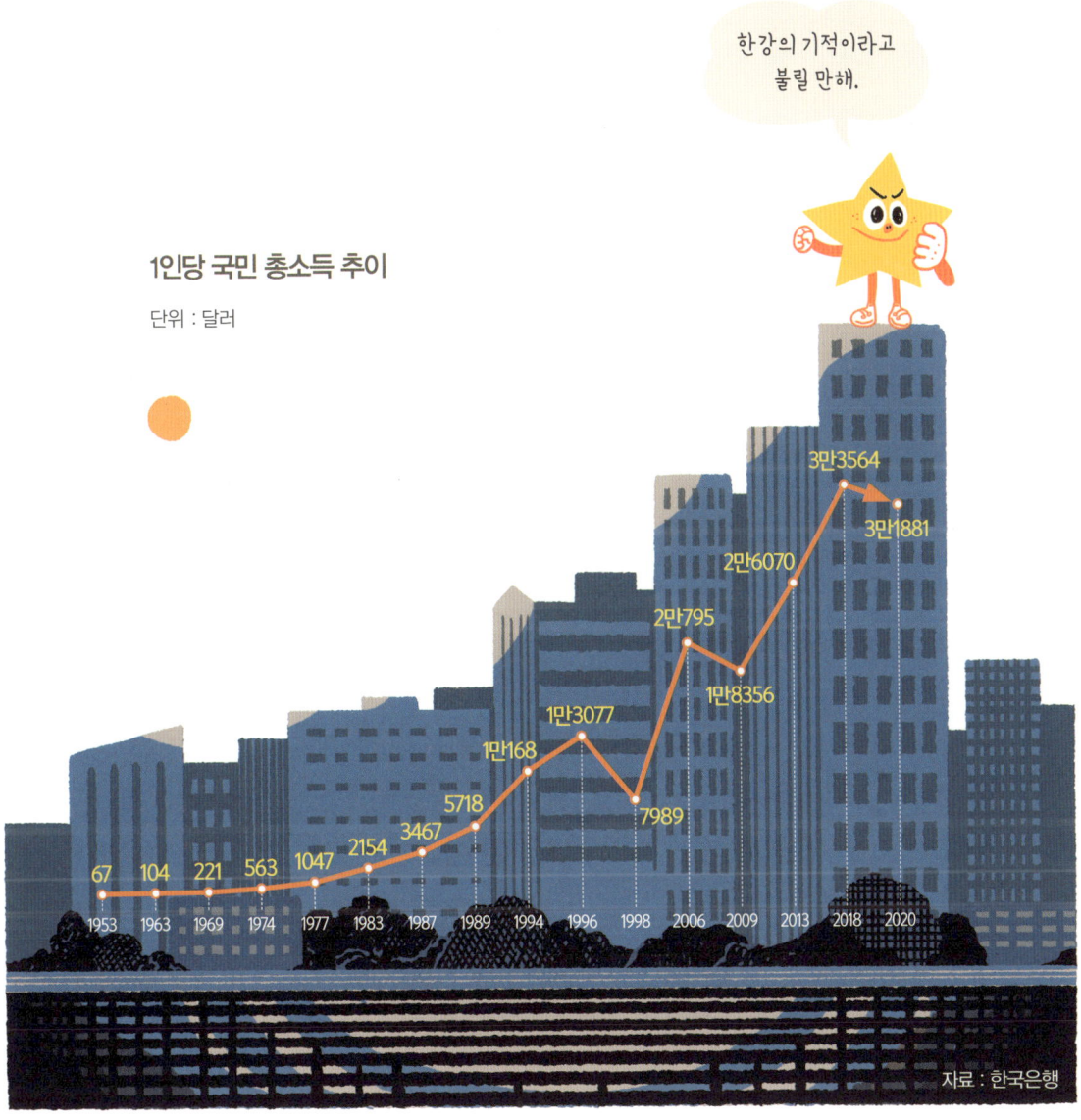

한강의 기적이라고 불릴 만해.

1인당 국민 총소득 추이

단위 : 달러

연도	금액
1953	67
1963	104
1969	221
1974	563
1977	1047
1983	2154
1987	3467
1989	5718
1994	1만168
1996	1만3077
1998	7989
2006	2만795
2009	1만8356
2013	2만6070
2018	3만3564
2020	3만1881

자료 : 한국은행

경제 발전의 그림자 ★노동자들의 희생이 뒤따르다

　우리나라의 눈부신 경제 성장은 수많은 노동자의 희생이 있었기에 가능했어. 세계 시장에 상품을 싸게 내놓기 위해서 저임금 정책을 펼쳤고, 노동자들은 턱없이 낮은 임금을 받으며 장시간 일해야 했단다. 수많은 노동자가 열악한 근로 환경 속에서 가족들을 먹여 살리기 위해 밤낮없이 일했지.

　평화 시장에서 재단사로 일하던 **전태일**은 근로 기준법을 지켜 달라고 수차례 요구했어. 그래도 상황이 나아지지 않자 1970년 11월 13일 다른 노동자들과 함께 평화 시장에서 시위를 하다가 자신의 몸에 휘발유를 붓고 불을 붙여 분신했단다. 전태일의 이러한 요구와 희생은 이후 우리나라의 노동 운동을 크게 발전시켰지.

섬유 공장에서 일하는 노동자들 수많은 노동자들이 낮은 임금과 열악한 근무 환경을 참으며 일했지.

한편 산업화가 이루어지면서 사회 계층 간, 농촌과 도시 간 소득과 문화 격차가 커졌어. 또 정부의 특혜를 받으며 성장한 재벌이 국가 경제를 독점하는 상황이 벌어졌지. 우리나라는 빠른 경제 성장을 이룬 만큼 해결해야 할 문제도 많았단다.

경제가 발전하면서 사람들이 일자리를 찾아 도시로 몰려들기 시작했어. 그러자 농촌은 인구가 줄고 도시와의 소득 격차도 크게 벌어졌지. 이를 해결하기 위해 1970년대 정부에서는 새마을 운동을 추진하여 도시와 농촌이 골고루 발전할 수 있도록 노력했어.

외환 위기의 극복
★ 외환 위기를 극복하고 무역 대국으로 성장하다

1980년대 이후 우리나라는 자동차 산업과 전자 산업이 크게 성장하였지. 또 저 달러, 저유가, 저금리에 힘입어 우리 경제는 호황을 누렸어. 달러 가치가 떨어지니 원자재를 싸게 들여올 수 있었고, 석유 가격이 떨어지니 생산 비용이 절감되었어. 또 금리가 낮아지니 외국에서 빌린 돈의 이자가 줄어들었어. 이러한 3저 호황 덕분에 전두환 정부 때 우리나라 경제가 크게 발전했고, 김영삼 정부 때 선진국 클럽이라고 불리는 **경제 협력 개발 기구(OECD)**에 가입했단다.

그러나 3저 호황이 막을 내린 1990년대 중반 이후 우리 경제는 크게 흔들렸어. 그동안 우리나라 기업들은 다른 나라에서 무리하게 돈을 빌려 사업을 마구 확장했어. 그런데 환율이 폭등하자 외국에 진 빚이 큰 부담이 되었지. 외형만 키워 부

실하게 운영되던 기업들이 흔들리기 시작했고 우리나라 기업에 돈을 빌려준 외국 투자자들은 투자금을 거둬들였지. 그러다 보니 나라에서 보유하고 있던 외환이 갑자기 줄었어. 외환은 다른 나라에 진 빚을 갚거나 세계적으로 경제 상황이 나빠질 때를 대비해 나라에서 가지고 있는 달러야. 외환 위기가 닥치자 외국에서 빌린 돈을 제때 갚지 못하게 되었고, 원자재를 수입할 수 없어 물건도 만들지 못했어. 수많은 기업이 줄줄이 도산했지.

결국 정부는 국제 금융 기관인 **국제 통화 기금(IMF)**에 **구제 금융**을 신청했어. IMF에 돈을 빌리는 대신 기업들은 강도 높은 구조 조정을 해야 했지. 외환 위기를 극복하기 위해 정부와 국민은 피나는 노력을 했어. 외환 위기 속에서 출범한 김대중 정부는 부실기업을 정리하고 기업의 구조를 개혁하는 한편 외국 자본 유치에 힘썼어. 국민들은 나라의 빚을 갚기 위해 금을 모았지. 많은 국민들이 금 모으기 운동에 동참해 엄청난 양의 금이 모였고, 외채를 상환하는 데 큰 도움이 되었어. 온 국민이 노력한 덕분에 우리나라는 빠르게 IMF로부터 빌린 돈을 갚고 IMF의 관리 체제에서 벗어날 수 있었어. 하지만 이 과정에서 많은 실업자가 발생하고 비정규직이 증가했단다.

1990년대 우리나라는 외환 위기를 겪었지만, 한편으로는 반도체와 정보 통신 산업이 발달했단다. 우리나라의 반도체와 정보 통신 기술은 세계적인 수준을 자랑해. 2000년대 이후에는 생명 공학, 로봇 산업과 같이 고도의 기술이 필요한 첨단 산업과 문화 콘텐츠 산업과 같은 서비스 산업이 발달했어. 우리의 대중문화가 '한류'라는 이름으로 열풍을 일으켰지. 특히 한국의 대중가요는 'K-pop'으로 불리며 세계적으로 큰 인기를 얻고 있단다.

대한민국은 세계 10위권의 무역 대국으로 성장했어. 하지만 급격한 경제 성장으로 경제 양극화, 노사 갈등, 환경 오염 등의 문제가 생겼단다. 앞으로 우리가 이러한 문제를 해결하기 위해 노력해야겠지.

큰★별쌤 한판 정리

이승만 정부 ~ 박정희 정부

- **이승만 정부**
  - 원조 경제(from 미국)
    - 밀가루, 설탕, 면화 ⇒ 삼백 산업 발달

- **박정희 정부**
  - 경제 개발 5개년 계획
    - 자금 확보
      - 서독에 광부·간호사 파견
      - 한일 국교 정상화 ↔ 6·3 시위
      - 베트남 전쟁 파병
    - 60년대 : 경공업 위주
      - 경부 고속 국도 개통 (1970)
      - 전태일 분신 : 근로 기준법 준수하라 (1970)
    - 70년대 : 중화학 공업 위주
      - 석유 파동
      - 수출 100억 달러 달성

> 한강의 기적이라고 불릴 만큼 놀라운 경제 성장 과정을 알아보자.

원조 경제 6·25 전쟁 이후 우리나라는 미국의 밀가루, 설탕, 면화를 원조받았어.

경제 개발 5개년 계획 박정희 정부는 경제 개발 5개년 계획을 실행하였으며, 서독에 광부와 간호사를, 베트남 전쟁에 국군을 파병해 경제 개발 자금을 마련했어.

노동자의 희생 전태일은 근로 기준법 준수를 주장하며 분신했어.

한강의 기적 1960년대 경공업 위주에서 1970년대 중화학 공업 중심으로 발달했고, 이를 바탕으로 빠르게 경제 성장을 이뤘어.

전두환 정부 ~ 김대중 정부

- 전두환 정부 — 3저 호황
  └ 저금리, 저유가, 저달러

- 김영삼 정부 — OECD(선진국 클럽) 가입
  └ IMF 사태 : 외환 부족

- 김대중 정부 — 금 모으기 운동
  └ 기업 구조 조정

> 외환 위기를 어떻게 극복했는지 잘 살펴보자.

3저 호황 전두환 정부 시기 3저 호황으로 경제가 크게 발전했어.
외환 부족 김영삼 정부 시기 외국에 자본과 시장을 개방하면서 경제 개발 협력 기구(OECD)에 가입했어. 그러나 나라에서 보유한 외환 보유액이 줄어들면서 외환 위기가 발생하였고 국제 통화 기금(IMF)에 구제 금융을 신청했어.
IMF 졸업 김대중 정부는 강도 높은 구조 조정과 국민들의 자발적인 금 모으기 운동을 통해 IMF 구제 금융을 조기에 상환했어.

큰★별쌤 별별 퀴즈

1. ★ 안에 들어갈 알맞은 말을 써 볼까요?

- 1962년부터 4차에 걸친 ★★ 개발 5개년 계획을 실시하였다.

- 1970년 ★★ 고속 국도의 개통으로 전국이 일일생활권 안에 들게 되었고 경제 발전의 기반을 마련했다.

- 1970년 ★★★ 은 노동자의 열악한 근무 환경 개선과 근로 기준법 준수를 요구하며 분신하였다.

2. 큰★별쌤이 설명하고 있는 것은 무엇일까요?

대한민국은 1996년에 경제 협력 개발 기구(OECD)에 가입했지만, 세계 경제가 불황에 빠지면서 경제 위기를 맞게 되었어. 정부는 국제 통화 기금(IMF)에 구제 금융을 신청했단다.

① 석유 파동　② 경제 개발 5개년 계획　③ 외환 위기　④ 새마을 운동

3. 다음 문장이 맞으면 ○, 틀리면 ✕에 동그라미를 그려 볼까요?

- 박정희 정부 시기 경제 개발 자금을 마련하기 위해 독일에 광부와 간호사를 파견하고 베트남 파병을 추진하였다. ○ ✕

- 1970년대에는 값싼 노동력을 바탕으로 경공업을 집중 육성하였다. ○ ✕

- 외환 위기를 극복하는 과정에서 많은 실업자가 발생하고 비정규직이 증가하였다. ○ ✕

4. 다음 산업이 발달한 시기를 찾아 선으로 연결해 볼까요?

큰★별쌤 별별 특강

노동자의 권리를 위해 목숨을 바친 전태일

전태일은 집안 살림이 어려워지자 학교를 그만두고 동대문 시장에서 잡일을 하며 생계를 이어 가야 했어. 그러다가 동대문 평화 시장의 학생복 제조업체에 재단 보조로 취직해서 아침 8시부터 저녁 11시까지 하루 15시간을 칼질과 다림질을 하며 일했지. 전태일이 일하던 평화 시장에는 의류 제조 공장이 많았는데, 햇볕조차 들지 않는 좁은 공간에서 노동자들이 하루 14시간 이상 일했어. 전태일은 특히 나이 어린 여성 노동자가 턱없이 적은 임금을 받으며 환기조차 제대로 되지 않는 열악한 환경에서 일하는 것을 안타까워했어.

그러던 중 전태일은 노동자들의 기본적인 권리를 보장한 근로 기준법이 있다는 것을 알게 됐어. 초등학교조차 제대로 졸업하지 못한 전태일이 한자가 많은 법전을 이해하는 건 무척 어려웠지. 하지만 전태일은 밤새도록 법전 해설서를 찾아 읽으며 노동법을 공부했어. 그리고 근로 기준법과 현실이 너무 다르다는 것을 깨닫고 근로자의 정당한 권리를 보장받기 위해 노동 운동을 시작했어.

전태일은 동료들을 모아 '바보회'를 만들고 노동자의 열악한 근로 환경을 알리고 근로 기준법이 실제 지켜질 수 있도록 노력했어. 하지만 이 일로 전태일은 공장 사장의 눈 밖에 나서 해고되었지. 한동안 막노동을 하며 생계를 이어 가다 다시 재단사로 취직해 평화 시장으로 돌아온 전태일은 바보회의 친구들과 함께 더욱더 적극적으로 노동 운동을 했어. 평화 시장의 노동 환경과 실태를 조사해 노동청에 근로 조건의 개선을 요구하는 진정서를 제출했어. 또 신문에 기사를 실어 사회적 관심을 이끌고 평화 시장의 사업주들과 협상을 벌이기도 했어. 하지만 현실은 바뀌지 않았어. 정부와 사업주는 노동자의 요구를 외면했지.

결국 전태일은 죽음으로 노동자의 가슴 아픈 현실을 세상에 알리기로 결심했어. 청계천 앞에서 시위하던 전태일은 형식에 불과한 근로 기준법은 의미가 없다며 한 손에 법전을 든 채 온몸에 휘발유를 끼얹고 스스로 불을 붙였어.

전태일의 죽음은 경제 발전을 위해 노동자들의 희생을 당연시하고 비참한 현실에 무관심했던 당시 사회에 큰 충격을 줬어. 전태일의 죽음을 계기로 사람들은 노동자의 열악한 현실을 알게 되었고 노동자와 도시의 가난한 사람들의 삶에 관심을 갖기 시작했어. 노동자들 역시 열악한 노동 환경에서 벗어나기 위해 노동조합을 세워 자신들의 권리 보장을 요구하게 되었단다.

도전! 한국사능력검정시험

★★ 중급 46회 50번
1. 다음 기사 내용이 보도된 정부 시기의 사실로 옳은 것은?

○○신문 제△△호 ○○○○년 ○○월 ○○일

OECD 가입과 향후 과제 — 논설

어제 대한민국이 경제 협력 개발 기구(OECD)에 가입하였다. 이로 인해 선진국으로서의 위상을 확보하고 국제 경쟁력을 높일 수 있을 것이라는 기대가 크지만, 회원국으로서 부담해야 할 막대한 비용과 의무 또한 생각하지 않을 수 없다. 따라서 정치권 및 정부와 기업, 국민의 적극적인 노력이 필요하다.

① 6·15 남북 공동 선언이 발표되었다.
② 한일 월드컵 축구 대회가 개최되었다.
③ 한미 자유 무역 협정(FTA)이 체결되었다.
④ 통일 주체 국민 회의에서 대통령을 선출하였다.
⑤ 국제 통화 기금(IMF)에 긴급 구제 금융을 요청하였다.

★★★ 기본 47회 49번
2. (가)에 들어갈 사진으로 옳은 것은?

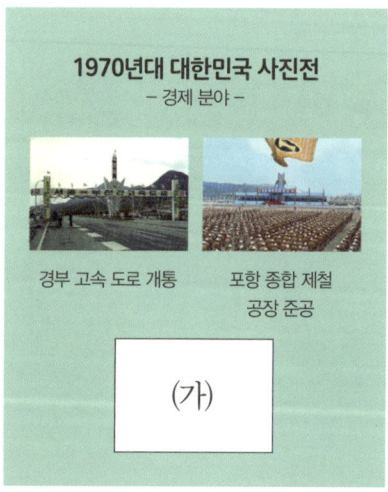

1970년대 대한민국 사진전 — 경제 분야 —
경부 고속 도로 개통 / 포항 종합 제철 공장 준공 / (가)

① 수출 100억 달러 달성

② 서울 올림픽 대회 개최

③ 경제 협력 개발 기구(OECD) 가입

④ 아시아·태평양 경제 협력체(APEC) 정상 회의 개최

★★★ 기본 48회 46번

3. (가)~(라)에 들어갈 내용으로 적절한 것은?

2020년 하계 한국사 특강

대한민국 경제의 발자취

우리 연구소에서는 대한민국의 경제 상황을 시기별로 살펴보는 온라인 특강을 준비하였습니다. 관심 있는 분들의 많은 참여를 부탁드립니다.

◎ 특강 주제 ◎

제1강 1950년대, (가)
제2강 1960년대, (나)
제3강 1970년대, (다)
제4강 1980년대, (라)

- 일시 : 2020년 ○○월 ○○일 10:00~17:00
- 주관 : ○○○○ 연구소
- 신청 : 홈페이지 공지 사항 참조

① (가) – 삼백 산업과 원조 경제 체제
② (나) – 중화학 공업의 육성과 석유 파동
③ (다) – 산업 구조의 재편과 3저 호황
④ (라) – 외환 위기 발생과 금 모으기 운동

★★★ 기본 48회 47번

4. (가)에 해당하는 인물로 옳은 것은?

① 김주열

② 박종철

③ 이한열

④ 전태일

○○신문

제△△호   1970년 11월 14일 토요일

평화 시장 재단사, 병원서 끝내 숨져

13일 오후 2시경 서울 청계천 부근 평화 시장에서 기업주의 근로 기준법 준수를 요구하는 노동자들의 시위가 벌어졌다.
그 과정에서 온몸에 기름을 뒤집어쓰고 분신한 (가) 이 병원으로 옮겨졌으나 끝내 사망하였다.

1972년
7·4 남북 공동 성명

1985년
최초의 남북 이산가족 상봉

1991년
남북한 유엔 동시 가입,
남북 기본 합의서 채택

4 통일을 위한 노력

한강의 기적을 만들어 낸 사람들의 꿈은 다음 세대에 가난을 물려주지 않겠다는 것이었어. 광장의 기적을 일으킨 사람들의 꿈은 건강한 민주주의가 실현되는 대한민국에서 살아가는 것이었지. 그런 꿈을 꾸었던 사람들의 노력으로 우리나라는 절대 빈곤에서 벗어나 경제 대국으로 성장했고 우리는 세계인들이 부러워하는 민주주의 사회에서 살아가고 있어.

이제 우리는 어떤 꿈을 그려야 할까? 남과 북이 통일된 대한민국이 아닐까? 우리나라는 암흑과 같은 일제 강점기를 이겨 내자마자 6·25 전쟁을 겪고 남과 북으로 분단되는 아픔을 겪었어. 통일된 우리나라에서 다음 세대가 사는 모습을 상상해 봐. 통일이 되면 북한을 지나 중국, 유럽까지 철도로 연결될 수 있어. 그러면 서울역에서 개성, 아니 더 멀리 프랑스 파리까지 가는 기차표를 살 수 있을지도 몰라. 남과 북의 주민들이 서로 자유롭게 오가면 참 좋겠지? 그 꿈을 위해 남과 북은 어떤 길을 걸어왔는지 살펴보자.

1998년	2000년	2007년	2018년
정주영의 소 떼 방북	제1차 남북 정상 회담, 6·15 남북 공동 선언	제2차 남북 정상 회담	제3차 남북 정상 회담

7·4 남북 공동 성명 ★ 통일 원칙을 발표하다

6·25 전쟁 직후에는 남과 북의 대립이 심해져 서로 대화조차 하지 않았어. 1970년대 들어 국제적으로 냉전이 완화되자 남과 북도 조금씩 대화의 물꼬를 트기 시작했단다.

박정희 정부 때인 1972년 7월 4일 남과 북은 **7·4 남북 공동 성명**을 발표했어. 7·4 남북 공동 성명에는 평화 통일을 위한 **자주, 평화, 민족 대단결의 3대 원칙**이 담겨 있어. 이때 합의된 통일 3대 원칙은 지금까지 적용되고 있단다.

첫째, 통일은 외세에 의존하거나 외세의 간섭 없이 자주적으로 해결되어야 한다.
둘째, 통일은 서로 상대방을 적대하는 무력 행사에 의거하지 않고,
      평화적 방법으로 실현되어야 한다.
셋째, 사상과 이념, 제도의 차이를 초월하여 우선 하나의 민족으로서
      민족 대단결을 도모해야 한다.

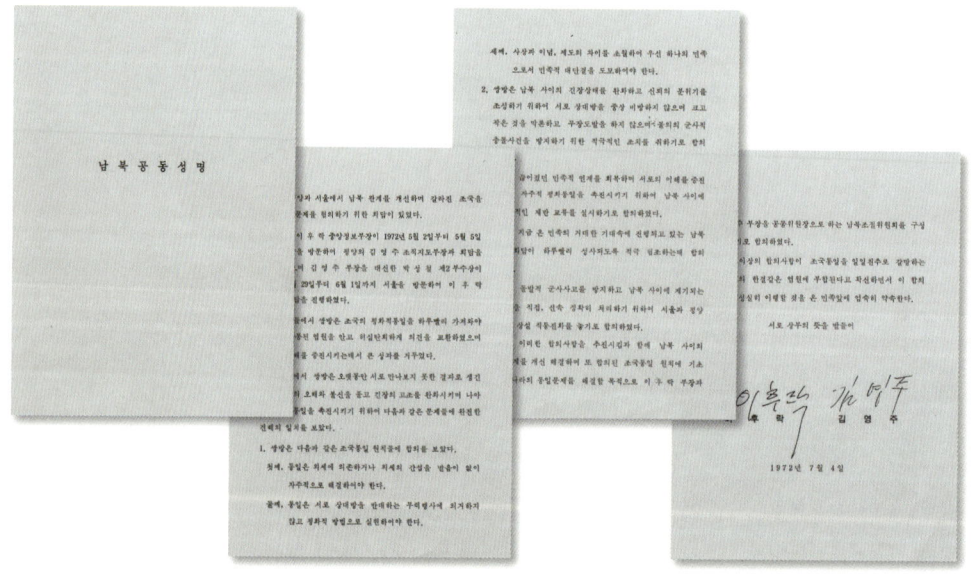

7·4 남북 공동 성명 분단 이후 최초로 통일과 관련하여 합의, 발표한 공동 성명이야.

남과 북의 만남 남한 특사 자격으로 남한의 이후락 중앙정보부장이 김일석 주석을 만났지.

남북 공동 성명을 전하는 신문 기사들

남과 북의 만남 북한 특사 자격으로 북한의 박상철 부수상이 남한을 방문했어.

★ 큰별쌤 별별 정보 ★

제2차 세계 대전 이후 세계 질서는 미국과 소련을 중심으로 재편되었어. 미국을 중심으로 하는 자본주의 국가와 소련을 중심으로 하는 사회주의 국가가 서로 대립하는 냉전 체제가 한동안 계속되었지. 이러한 국제 정서 속에서 남과 북의 대립이 심화되었단다.

이산가족 상봉 ★최초로 이산가족이 만나다

6·25 전쟁을 겪으면서 많은 사람들이 가족과 헤어졌어. 오랫동안 서로의 생사도 모른 채 이산가족으로 살아야 했지.

전두환 정부 때 이산가족 찾기 프로그램을 진행했어. 이 방송을 통해 남한에서 살고 있지만 서로 생사를 모르던 이산가족이 만날 수 있었어. 이후 남과 북에 떨어져 살던 이산가족 상봉도 이루어졌지. 남한에 큰 홍수가 났는데, 북한이 구호물자를 보내면서 남북 관계에 우호적인 분위기가 형성됐어. 이를 계기로 남북 이산가족 상봉이 추진되어 이산가족이 만날 수 있었단다.

가족을 만나지 못하면 얼마나 슬플까?

더 늦기 전에 이산가족이 만날 수 있도록 우리 모두 노력해야 해.

아, 슬퍼…….

남북 기본 합의서
★ 남북 화해와 교류 및 협력을 합의하다

1980년대 후반 국제적으로 냉전 체제가 막을 내리면서 노태우 정부 때 남북 관계가 크게 발전했어. 노태우 정부는 북방 외교 정책을 추진하면서 소련, 중국 등 사회주의 국가들과 관계를 개선했지. 또 남북 고위급 회담을 개최하여 남북한이 국제 연합(UN)에 동시 가입했고, **남북 기본 합의서**를 채택했어. 남북 기본 합의서는 남북한 정부 간 최초의 공식 합의서로, 서로의 체제를 인정하고 상호 불가침을 약속함으로써 남북 관계가 의미 있는 발전을 이루었단다.

남북 기본 합의서 주요 내용

남과 북은 ……(중략) 쌍방 사이의 관계가 나라와 나라 사이의 관계가 아닌 통일을 지향하는 과정에서 잠정적으로 형성되는 특수 관계라는 것을 인정하고……(중략) 다음과 같이 합의하였다.

제1조 남과 북은 서로 상대방의 체제를 인정하고 존중한다.
제9조 남과 북은 상대방에 대하여 무력을 사용하지 않으며 상대방을 무력으로 침략하지 아니한다.
제15조 남과 북은……(중략) 자원의 공동 개발, 민족 내부 교류로서의 물자 교류, 합작 투자 등 경제 교류와 협력을 실시한다.

> 전쟁으로 인해 분단된 남한과 북한이 UN에 가입한 것은 더 이상 대결을 멈추고 평화를 유지하자는 의미란다.

남북 기본 합의서에 따르면 남북 관계를 잠정적으로 형성되는 특수 관계로 인정하고 있어. 잠정적이라는 것은 남북 분단이 영원한 것이 아니라 임시라는 뜻이지. 그리고 남북 간의 교류는 국가와 국가가 아닌 민족끼리의 교류라고 정했지. 남과 북이 앞으로 하나가 될 것이라는 인식을 바탕으로 남북 기본 합의서가 작성되었다는 것을 알 수 있단다.

남북 기본 합의서 교환 1991년 12월 13일, 남북 총리가 만나서 남북 기본 합의서를 교환했어.

남북 정상 회담 ★ 평화와 통일을 향해 나아가다

남북 정상 만남 2000년 6월 15일, 김대중 대통령과 김정일 위원장이 손을 맞잡았어.

김대중 정부가 **햇볕 정책**을 통해 북한과의 관계를 대립이 아닌 화해와 평화로 풀어 가려고 노력하면서 남북 관계가 급진전되었어. 정주영 현대 그룹 명예 회장이 소 1001마리를 트럭에 싣고 북한으로 가는 등 민간에서도 남북 화해를 위해 움직였지.

이러한 분위기에 힘입어 최초로 남과 북의 정상이 만났어. 평양 순안 공항에 도착한 김대중 대통령과 북한의 김정일 국방 위원장이 손을 맞잡는 순간은 역사적인 장면으로 남았지. 남북 정상은 정상 회담을 진행하고 **6·15 남북 공동 선언**을 발표했어.

6·15 남북 공동 선언을 바탕으로 이산가족 상봉이 이루어지고 개성 공단이 세워졌어. 분단으로 끊어진 철도(경의선)도 다시 연결하고 육로를 통해 금강산 관광도 하기로 했어. 남북 간의 화해 분위기는 노무현 정부까지 이어져 2007년 **제2차 남북 정상 회담**이 개최되었단다.

그러나 남북 관계가 늘 좋았던 건 아니야. 북한의 미사일 시험 발사, 핵 실험 강행으로 남북 관계가 어려울 때도 있었어. 게다가 2010년에 북한이 연평도에 포격을 가하면서 남북 관계가 급속하게 얼어붙었지.

이러한 어려움 속에서도 남한과 북한은 남북 평화를 위해 끊임없이 대화를 시도했어. 2018년 평창 동계 올림픽 대회에 북한 선수단이 참가하고 여자 아이스하키 남북 단일팀이 구성되면서 남북한 사이에 화해와 협력의 분위기가 무르익었지.

마침내 2018년 4월, 다시 남북의 정상이 판문점에서 만났어. 문재인 대통령과 김정은 북한 국무 위원장의 만남을 전 세계 사람들이 주목했지. 남북 정상은 한반도 평화와 번영을 위한 **판문점 선언**을 발표하여 남북한 평화 체제 구축을 위한 협력을 약속했단다.

유일한 분단국가인 남한과 북한은 한반도의 평화와 통일을 위해 대화와 협력을 지속하고 있어. 이러한 노력이 계속된다면 언젠가 남과 북이 자유롭게 교류하면서 하나가 될 날이 오지 않을까?

군사 분계선을 넘는 남북 정상 2018년 4월 27일, 문재인 대통령과 김정은 국무 위원장이 군사 분계선을 함께 넘었어.

남북 정상이 만나는 순간은 역사의 한 페이지로 영원히 기억될 거야. 지금까지 살아오면서 또 앞으로 살아가면서 내 마음속에 떠오르는 역사적 장면을 멋지게 기억하렴.

큰★별쌤 한판 정리

박정희 정부 ~ 노태우 정부

- **박정희 정부** ─ 7·4 남북 공동 성명 (1972)
  - 통일 3대 원칙 : 자주, 평화, 민족 대단결
- **전두환 정부** ─ 최초 이산가족 상봉
- **노태우 정부** ─ 북방 외교 : 소련, 중국 수교
  - 남북한 유엔 동시 가입
  - 남북 기본 합의서
    - 상호 체제 인정
    - 상호 불가침
    - 남북 관계 : 잠정적 특수 관계
    - 남북 교류 : 민족 내부 교류

> 남과 북의 관계 변화를 잘 살펴보자.

7·4 남북 공동 성명 6·25 전쟁 이후 남과 북의 대립이 심했지만, 냉전 분위기 완화로 1972년 7·4 남북 공동 성명이 발표되었어. 이 성명에는 통일 3대 원칙인 자주, 평화, 민족 대단결이 담겨 있단다.

최초 남북 이산가족 상봉 전두환 정부 시기 최초로 남북 이산가족 상봉이 이루어졌어.

남북 기본 합의서 노태우 정부 시기 남북한 유엔 동시 가입이 이루어졌어. 남북 체제를 인정하고 상호 불가침을 약속한 남북 기본 합의서가 채택되었어.

김대중 정부 ~ 오늘까지

김대중 정부
- 햇볕 정책
- 정주영 회장 소 떼 방북
- 6·15 남북 공동 선언
  - 최초 남북 정상 회담 결과
  - 개성 공단
  - 금강산 관광 (육로)
  - 이산가족 상봉

노무현 정부 — 제2차 남북 정상 회담 개최

문재인 정부 — 2018년 평창 동계 올림픽(북한 선수단 참가, 남북 단일팀)
남북 정상 회담 개최, 판문점 선언

> 남북이 자유롭게 오가는 날을 기대해 보자!

6·15 남북 공동 선언 김대중 정부 시기 최초로 남북 정상 회담이 열렸고 개성 공단 설립과 금강산 관광 등을 합의한 6·15 남북 공동 선언이 발표되었어.
남북 관계의 진전 노무현 정부 시기 제2차 남북 정상 회담이 개최되었어. 문재인 정부는 판문점에서 남북 정상 회담을 열고 판문점 선언을 발표했어.

큰★별쌤 별별 퀴즈

1. ★ 안에 들어갈 알맞은 말을 써 볼까요?

● 박정희 정부 시기 남북한은  남북 공동 성명을 발표하였다.

● 노태우 정부 시기 남한과 북한이 동시에  에 가입했다.

● 김대중 정부 시기에 최초로 남북  회담이 개최되었다.

● 6·15 남북 공동 선언에 따라  공업 단지 조성 합의가 이루어졌다.

2. 큰★별쌤이 설명하고 있는 것은 무엇일까요?

1970년대 들어 국제적으로 냉전이 완화되자 남과 북은 대화의 물꼬를 트기 시작했어. 박정희 정부 때인 1972년 7월 4일 남과 북은 평화 통일을 위한 자주, 평화, 민족 대단결의 3대 원칙이 담겨 있는 성명을 발표했지. 이때 합의된 통일 3대 원칙은 지금까지도 적용되고 있단다.

① 남북 기본 합의서 ② 6·15 남북 공동 선언 ③ 판문점 선언 ④ 7·4 남북 공동 성명

3. 다음 문장이 맞으면 ○, 틀리면 ✕에 동그라미를 그려 볼까요?

- 박정희 정부 시기 소련, 중국 등 사회주의 국가와 수교하였다.

- 김대중 정부 시기에 최초로 남북 이산가족 상봉이 이루어졌다.

- 김대중 정부는 적극적인 대북 화해 협력 정책인 '햇볕 정책'을 펼쳤다.

- 2010년 북한이 연평도 포격 사건을 일으키며 남북 관계가 급속하게 얼어붙었다.

4. 큰★별쌤과 별별이가 설명하고 있는 남북한 간의 합의 문서를 찾아 선으로 연결해 볼까요?

| 남북 기본 합의서 | • | • | 남북 정상이 처음으로 만나 이산가족 상봉과 개성 공단 건설 등을 합의했지. |

| 6·15 남북 공동 선언 | • | • | 서로의 체제를 인정하고 상호 불가침을 약속하는 내용이 담겨 있어. |

큰★별쌤 별별 특강

소 떼를 이끌고 북한에 간 정주영

'1마리 소가 500마리 소가 되어 빚을 갚으러 꿈에 그리던 고향의 산천을 찾아갑니다. 개인의 고향 방문을 넘어 남북이 같이 화해와 평화를 이루는 초석이 되기를 진심으로 기원합니다.'

1998년 정주영 현대 그룹 명예 회장은 소 떼를 이끌고 판문점을 넘어 북한을 방문하였어. 정주영은 왜 북한에 소 떼를 보냈을까?

정주영은 17세에 강원도 통천군 아산리의 고향 집에서 소를 판 돈 70원을 몰래 들고 서울로 내려와 쌀가게 배달원으로 취직했어. 성실하게 일한 정주영은 차곡차곡 모은 돈으로 23세에 자신의 쌀가게를 갖게 되었지. 정주영은 쌀가게를 운영하면서 모은 돈으로 자동차 수리 공장을 열었는데, 그게 현대자동차 회사의 시작이야. 정주영은 기업가로 크게 성공했지만, 늘 몰래 들고 온 소 1마리 값을 갚아야 한다며 자신이 떠나온 고향을 그리워했어.

그래서 정주영은 1992년부터 소 떼 방북을 준비했어. 150마리의 소를 70만 평의 초원에서 수년 동안 키웠지. 어느새 150마리의 소는 3000마리가 되었어. 준비를 마친 정주영은 정부의 허가를 받고 소 떼 방북을 추진했어. 정주영은 분단의 장벽을 허문다는 뜻으로 반드시 판문점을 통과해서 방북하겠다고 했지. 드디어 정주영은 소 떼 500마리를 몰고 판문점을 넘어 고향 땅이 있는 북한으로 향했어. 소를 실은 트럭 수십 대가 먼저 판문점을 통과했고, 정주영 회장은 걸어서 판문점을 넘었지. 4개월 후 다시 501마리의 소 떼를 몰고 방북했어. 현대 그룹은 소 떼 방북을 위해 트럭과 사료를 포함해 41억 7700만 원의 비용을 부담했다고 해.

그런데 왜 1001마리 소를 몰고 갔을까? 처음엔 소 1000마리를 데리고 가려고 했지만 앞으로도 계속 북한을 지원하겠다는 의지를 담아 소 1마리를 더 데리고 갔다고 해. 1마리의 소는 평화 통일을 염원하는 정주영 회장의 의지였던 셈이지. 게다가 정주영 회장은 당시 경제 상황이 좋지 않았던 북한에 조금이라도 도움을 주고 싶어서 일부러 새끼를 밴 암소를 많이 데리고 갔어.

정주영 회장의 소 떼 방북은 당시 전 세계적으로 화제가 되었지. 소를 몰고 방북하는 장면은 미국의 뉴스 전문 채널인 CNN에서 생중계되었고, 세계 언론은 '소 떼 방북은 가장 아름답고 충격적인 전위 예술 작품'이라며 찬사를 보냈어.

우리 국민들은 정주영 회장의 소 떼 방북을 바라보면서 통일에 대한 희망을 품었지. 실제로 정주영의 소 떼 방북을 계기로 금강산 관광 등 남북 경제 협력이 본격화되었고 2000년에 평양에서 최초로 남북 정상 회담이 개최되었단다.

도전! 한국사능력검정시험

★ 초급 45회 40번

1. (가)~(다)를 일어난 순서대로 옳게 나열한 것은?

평화 통일을 위해 걸어온 길

(가) 7·4 남북 공동 성명 발표
(나) 남북한 정상의 만남
(다) 남북 기본 합의서 채택

① (가) - (나) - (다)
② (가) - (다) - (나)
③ (나) - (가) - (다)
④ (다) - (가) - (나)

★ 초급 46회 40번

2. (가)에 들어갈 내용으로 옳은 것은?

① 유신 헌법이 공포되었어.
② 개성 공단 조성에 합의하였어.
③ 신탁 통치 반대 운동을 전개하였어.
④ 제1차 경제 개발 5개년 계획이 추진되었어.

나
어제 오전 9시 20분
#통일을 위한 노력
최초의 남북 정상 회담 사진이야.

♥ 좋아요 45 💬 댓글 달기 2 ↗ 공유하기

친구 1
회담 이후 남북 교류가 더욱 활발해졌어.

친구 2
맞아. 그 결과 (가)

⭐⭐⭐ 기본 49회 49번
3. (가) 시기에 있었던 사실로 옳은 것은?

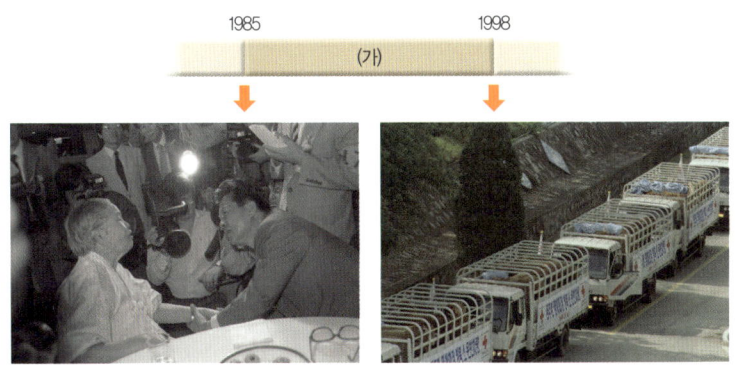

남북 이산가족 최초 상봉   정주영의 소 떼 방북

① 개성 공단 조성에 합의하였다.
② 남북 기본 합의서가 채택되었다.
③ 남북 조절 위원회가 설치되었다.
④ 6·15 남북 공동 선언이 발표되었다.

⭐⭐⭐ 기본 50회 50번
4. (가)에 들어갈 내용으로 옳은 것은?

① 남북 기본 합의서
② 7·4 남북 공동 성명
③ 6·15 남북 공동 선언
④ 한반도 비핵화 공동 선언

기록물 #10

2000년, 남북한의 정상인 김대중 대통령과 김정일 국방 위원장이 분단 이후 처음으로 만나 평양에서 회담을 진행하였다.

기록으로 보는 평화 통일 노력

1

36-37p 큰★별쌤 별별 퀴즈
1. 신탁 / 합작 / 4 3
2. ④
3. × ○ ○
4.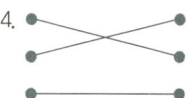

40-41p 도전! 한국사능력검정시험
1. 초급 44회 38번 ③
2. 초급 46회 37번 ②
3. 기본 48회 45번 ②
4. 기본 49회 45번 ①

2

58-59p 큰★별쌤 별별 퀴즈
1. 중임 / 5 16 / 유신
2. ①
3. ○ × ○
4.

62-63p 도전! 한국사능력검정시험
1. 초급 45회 36번 ①
2. 중급 44회 49번 ①
3. 기본 47회 48번 ③
4. 기본 48회 48번 ④

3

78-79p 큰★별쌤 별별 퀴즈
1. 경제 / 경부 / 전태일
2. ③
3. ○ × ○
4.

82-83p 도전! 한국사능력검정시험
1. 중급 46회 50번 ⑤
2. 기본 47회 49번 ①
3. 기본 48회 46번 ①
4. 기본 48회 47번 ④

4

96-97p 큰★별쌤 별별 퀴즈
1. 7 4 / 유엔 / 정상 / 개성
2. ④
3. × × ○ ○
4.

100-101p 도전! 한국사능력검정시험
1. 초급 45회 40번 ②
2. 초급 46회 40번 ②
3. 기본 49회 49번 ②
4. 기본 50회 50번 ③

찾아보기

10·26 사태 46, 48
12·12 사태 48, 54
1·4 후퇴 28
38도선 14-15, 21, 26, 28
4·13 호헌 조치 52-53
4·19 혁명 44-45
5·10 총선거 21-22
5·16 군사 정변 46
5·18 민주화 운동 48-51, 54, 60-61
6월 민주 항쟁 52-53
6·15 남북 공동 선언 92
6·25 전쟁 26, 29-33, 44, 65-66, 85, 88
6·29 민주화 선언 53
7·4 남북 공동 성명 86-87

ㄱ

경공업 68-69
경부 고속 국도 68-69
경제 개발 5개년 계획 68
경제 협력 개발 기구(OECD) 가입 74
광복 11-13, 16, 19
구제 금융 74
국내 진공 작전 14, 38
국제 통화 기금(IMF) 74
국제 연합 20, 27, 90
긴급 조치권 46
김구 16-17, 20-21, 38-39
김규식 19, 39
김일성 39
김주열 44

ㄴ, ㄷ

나가사키 13
남북 기본 합의서 90-91
노태우 53-54, 90

대한민국 임시 정부 14, 19, 38
대한민국 정부 수립 22-23

ㅁ, ㅂ

맥아더 27
모스크바 3국 외상 회의 16, 18
미·소 공동 위원회 18
미국 14, 16-18, 20, 26-27, 29
미군 14
민주화 46, 49, 52-53

박정희 46, 66, 68, 86
박종철 52-53
박흥식 24
반민족 행위 처벌법 24
반민족 행위 특별 조사 위원회 24-25
베트남 파병 67
부·마 민주 항쟁 47

ㅅ, ㅇ

석유 파동 70
소 떼 방북 98-99
소련 14, 16-18, 20, 90
신탁 통치 16-18

여운형 16, 19
연합국 12, 14
유엔군 27, 29
유신 헌법 46
의원 내각제 45
이광수 25
이산가족 32, 88, 92
이승만 17, 25, 29, 44
인천 상륙 작전 27

ㅈ

전두환 48, 51-52, 74, 88
전태일 72, 80-81

정주영 92, 98-99
제2차 남북 정상 회담 92
제2차 세계 대전 12, 14, 87
제주 4·3 사건 21
제헌 국회 22, 24
제헌 헌법 23, 44
조선 건국 준비 위원회 16, 19
조선 민주주의 인민 공화국 23
조선인민공화국 16
좌·우 합작 위원회 18-19
중국군 28-29, 32
중동 지역 70
중화학 공업 69

ㅊ, ㅋ

초대 대통령 23, 44
촛불 집회 54
최남선 25

카이로 선언 12

ㅍ

파독 간호사 66
파독 광부 66
판문점 선언 93
포츠담 선언 12

ㅎ

한강의 기적 65, 68, 71
한국광복군 14, 38
한일 월드컵 대회 55
한·일 협정 66
햇볕 정책 92
휴전 협정 29
흥남 철수 작전 30-31
히로시마 13
힌츠페터 60-61

사진 제공

국립민속박물관
5·10 총선거 포스터 · 22

경향신문
5·18 시위 · 48
한·일 협정 반대 시위 · 67

국가기록원
5·10 총선거, 대한민국 헌법 · 22
재판을 받는 친일파 · 24
6·25 전쟁 · 26
휴전 협정 체결, 휴정 협정서 · 28
군사분계선 · 29
6·25 전쟁 고아, 부상병 치료 · 32
시위에 나선 초등학생 · 45
5·18 시민군 · 49
5·18 희생된 시민 · 51
서울 올림픽 대회 개최 · 59
베트남 파병 · 67
경부 고속 도로 · 68
중동 건설 · 70
섬유 공장에서 일하는 노동자들 · 72
경부 고속 도로 준공 기념, 포항 종합 제철 공장 준공, 수출 100억 달러 달성, 경제 협력 개발 기구(OECD) 가입 · 82

7·4 남북 공동 성명 · 86
남북 공동 성명을 전하는 신문 기사들 · 87
KBS 이산 가족 찾기, 이산 가족 상봉 · 89
남북 정상 만남 · 92
정주영의 소 떼 방북 · 101

국사편찬위원회
일본의 항복 · 13
평양에 입성하는 소련군, 서울에 입성하는 미군 · 15
모스크바 3국 외상 회의 결정을 지지하는 사람들 · 17
미·소 공동 위원회 · 18
김규식 · 19
초대 대통령 취임, 대한민국 정부 수립식 · 23
폐허가 된 시가지, 6·25 피난민, 맥아더 · 27
6·25 피난민 · 29
흥남 부두 피난민들, 흥남 철수 작전을 토의하는 군 수뇌부들 · 30-31
6·25 울고 있는 전쟁 고아 · 32
피난민 가족, 부상병, 전쟁 고아 · 33
김구 · 39

문화재청
덕수궁 석조전 · 41

부마민주항쟁기념재단
부·마 민주 항쟁 당시 시민 학생 시위대 행렬 · 47

영월미디어기자박물관

6월 민주 항쟁 · 52

조선일보
유신 반대 시위 · 47

중앙포토
38도선을 넘는 김구와 일행 · 20

헬로포토
한국광복군 · 14
다랑쉬굴 학살 현장 · 21
4·19 시위 마산 고등학생 · 45
5·18·49, 50
파독 광부, 파독 간호사 · 66
서울 올림픽 대회 개최, 아시아·태평양 경제 협력체(APEC) 정상 회의 · 82
남과 북의 만남 · 87
이산가족 상봉 · 88, 89
남북 기본 합의서 교환 · 91

wikipedia
나가사키 원자 폭탄 · 12
광복을 맞이한 사람들 · 13
신탁 통치를 반대하는 사람들 · 17
여운형 · 19
5·10 총선거 · 40
5·16 군사 정변 · 46
촛불 집회 · 54
2002 월드컵 거리 응원 · 59
김주열, 박종철, 이한열, 전태일 · 83
남북 정상 만남 · 101

*이 책에 수록된 사진은 박물관과 저작권자의 허가를 받아 사용했습니다.
*이 책에 수록된 사진 중 출처가 불명확하여 허가를 받지 못한 일부 사진에 대해서는 저작권자가 확인되는 대로 게재 허락을 받고 사용료를 지불하겠습니다.